왜 우리는
군산에 가는가

강석훈 · 구단비 · 노현식 · 심효윤
이동원 · 최미진 · 김자혜 · 박민구

글누림

왜 우리는 군산에 가는가

초등학교 시절, 조선총독부는 신기한 별세상이었다. 입구에 들어서는 순간부터 '우와' 하고 입이 벌어지는 어마어마한 크기의 건물이 장관이었다. 당시 서울에는 그만한 높이의 건물이 흔치 않았다. 고급스러운 대리석 계단과 기둥, 호화로운 갖가지 양식이 어우러져 있어 마치 서양 어느 나라의 궁전에 도착한 것 같은 착각마저 일으켰다.

그 안에는 수천 년 동안 전해져 내려온 우리나라의 갖가지 보물들이 한데 모여 있었다. 층층마다 시대별로 문화유산을 잘 정리해 두어 역사 공부를 하기에도 제격이었다. 전국에 있는 학생들이 현장학습으로 이곳을 찾았다. 나 역시 학급 친구들과 함께 와서 살펴본 내용을 공책에 적고 서로 돌려 보던 기억이 난다. 그때까지 사람들은 이곳을 조선총독부라 부르지 않았다. 국립중앙박물관이라 불렀다.

초등학교를 졸업한 후, 이곳을 폭파해 없앤다는 소식을 들었다. 이유는 일제의 잔재가 경복궁 한가운데에 자리하고 있어서는 안 된다는 것이었다. 1995년 광복절, 전 국민이 텔레비전 생중계를 통해 건물 폭파 현장을 지켜봤다. 소소한 추억이 깃들어 있던 공간이 순식간에 잿더미가 되었다. 그때 나는 이곳이 일제가 만든 옛 조선총독부 건물인 사실을 알았다. '일제잔재청산운동'이 전국으로 번지면서 수많은 일제 건물들이 사라졌다.

그로부터 10년 후, 정반대의 상황이 벌어졌다. '침탈당한 역사도 우리 역사다'라는 여론이 일어나기 시작했다. 학자와 시민 단체를 중심으로 일제가 남긴 유물과 유적에 대한 재평가가 이루어졌다. 정부도 이를 적극적으로 받아들여 일제 잔재에 대한 보존에 나섰다. 버려져 있다시피 했던 일제의 잔재는 문화재로 등록되었고, 이때부터 우리는 이것을 근대 문화유산이라 불렀다.

2011년 겨울, 매스컴을 통해 군산에 일제의 잔해가 많이 남아 있다는 사실을 알게 되었다. 그리고 그곳에서는 지금 그 잔해를 수습하여 '일제 문화거리'를 만들 계획을 세우고 있다는 소식도 함께 접했다. 2012년 봄, 처음으로 군산에 갔고, '군산의 일제'에 대한 답사기를 만들기로 마음먹었다.

주변 사람들과 많은 이야기를 나누었다. 생각보다 많은 사람들이 이 답사에 동참하고 싶다는 뜻을 밝혔다. 글 쓰는 사람, 사진 찍는 사람, 그림 그리는 사람까지 모두 여덟 명의 멤버가 모였다. 우리는 반년 동안 군산 곳곳을 누비고 다니며 지켜본 내용을 정리하여 하나의 결과물을 만들었다. 그런데 그 결과에 문제가 하나 생겼다. 시선의 분산이었다.

모두가 똑같은 일제의 잔해를 보고도 서로 다른 이야기를 하고 있었다. 군산의 일제에 대한 하나의 뚜렷한 이미지가 결과물에 나타나지 않았다. 처음엔 그것이 순전히 우리의 역량 부족으로만 생각했다. 그러나 현장 조사가 거듭될수록 우리에게만 문제가 있는 것이 아니라는 점을 알게 되었다.

일제의 잔해를 두고 '이랬다가 저랬다가 왔다갔다'했던 과정이 군산에 고스란히 남아 있었다. 일제강점기의 모습을 그대로 간직하고 있는 곳은 없었다. 이곳에 우리가 살고 있기 때문이었다. 부스러기 같은 흔적만 남은 곳, 우리의 흔적을 덧댄 곳, 흔적조차 사라지고 없는 곳에 다시 그 흔적을 만든 곳, 흔적을 모방하여 관광지로 만든 곳 등 갖가지 다양한 형태의 일제가 모여 있었다.

우리는 일제라는 주제에 대한 강박을 내려놓기로 했다. 그리고 옛 일제의 모습 자체보다 지금까지 흘러온 일제의 모습에 더욱 초점을 맞추어 보기로 했다. 시선의 분산은 더 이상 문제가 되지 않았다. 우리의 관점이 되었다. 하지만 관점에 따라 결과물을 새로이 만들어 내는 데에는 적지 않은 시간과 노력이 필요했다. 군산이 겪고 있는 혼란에 대해 온전한 눈으로 살펴보기란 결코 쉬운 일이 아니었다. 싸우기도 많이 싸웠다. 좌절도 있었다. 똑같은 질문이 끊임없이 우리들의 머릿속을 맴돌았다.

'왜 우리는 군산에 갔는가.'

수많은 논의와 수정 작업 끝에, 우리는 네 가지 시선으로 이 질문에 대해 말할 수 있게 되었다. 이 글은 일제에 대한 무조건적인 분노의 시선에서 한 발자국 비켜나 바라본 이야기이다. 남긴 것을 쓰다가 돌연 부수고, 부수었던 것을 새로이 짓는 이 모든 상황을 지켜본 우리들의 메시지를 이 책에 담고자 노력했다. 잘한 것보다 미흡한 것들이 많다. 앞으로 더 피나는 노력으로 독자 여러분들의 아쉬움을 만회하도록 하겠다.

너무나 많은 분들에게 갚을 수 없는 도움을 받았다. 이제 막 공부에 뛰어든 학도들에게 힘을 불어넣어 주시고, 적극적으로 지원해 주신 동국사의 종걸 스님, 사가와 가옥의 유희주 선생님, 구 미곡창고주식회사 사택의 이경산 선생님, 현장 곳곳에서 소중한 자료를 제공해 주셨던 수많은 군산 시민 분들에게 고개 숙여 인사를 올린다.

무엇보다 이 책이 세상 밖으로 나올 수 있도록 소중한 기회를 주신 최종숙 대표님, 1년이란 시간 동안 이 글을 묵묵히 기다려 주시고 격려해 주신 이태곤 편집장님, 정성을 다해 좋은 책을 만들어 주신 이양이 편집자님과 직원 여러분께 깊고 깊은 감사의 마음을 드린다.

마지막으로 틈만 나면 군산 간다고 집 떠나는 불효자식들 뒷바라지하느라 고생하신 우리 부모님들께 이 책을 바친다.

저자 대표 강석훈

2013. 봄

차 례
Contents

첫 번째 시선

당혹스러운
근대 문화유산 거리

군산의 근대 문화유산 거리에는 일제강점기의 흔적 그 이상의 무언가가 담겨 있다. 앞바다가 보이는 내항 거리를 찬찬히 걷다 보면 일제의 역사를 그대로 보존하겠다는 것인지, 아니면 부정하겠다는 것인지, 심지어는 긍정하겠다는 것인지 헷갈리게 되는 상황에 빠져든다.

낯선 근대 문화유산 거리를 걷다

일제의 근대, 우리의 근대

'무얼 두고 근대 문화유산 거리라 하는 것일까?'

군산 버스 터미널에 도착해서 구시가지로 걸어가는 내내 품게 되는 생각이다. 길 주변으로는 온통 팔구십 년대에 지어진 건물들만 서 있을 뿐이다. 개발이 멈춰 버린, 이제는 세월의 그늘 속에 쇠퇴해 가는 잿빛 도시의 이미지. 다닥다닥 붙어 있는 간판들은 대부분 색이 바랜 터라 딱히 눈에 들어오지 않는다. 빽빽이 들어선 저층 건물과 사방으로 뚫린 넓은 도로를 보며 한때 이곳도 꽤 호황을 누렸을 것이란 어렴풋한 상상 정도는 해 볼 수 있다.

일제의 수탈 기지로 반세기를 보낸 옛 이력의 흔적들은 이제 찾아보기 힘들다. 오히려 서울 한복판의 세운 상가, 을지로 상가, 남대문시장의 뒤안길에서 마주했던 그 허름한 분위기가 여기에서도 그

▶ 군산항 길목에 서 있는 철도 경보기. 아직도 거리 곳곳에는 일제가 만든 옛 기찻길의 흔적들이 남아 있다.

대로 느껴진다. 셔터를 내리고 영업을 하지 않는 점포들이 제법 눈에
띈다. 20년 전 그때의 모습에서 제자리걸음을 하고 있는 것이 아닌
가 하는 생각마저 든다. '일제의 거리'만을 상상하고 온 여행객이라
면 머리를 긁적일 수밖에 없는 이유이기도 하다.

　일제가 남긴 생생한 흔적을 일부라도 보겠다면 인내심을 갖고 부
둣가로 이어지는 도로를 따라 계속 걸어가야 한다. 그리고 가는 길목
에 '멈춤'이라 적힌 낡은 철도 경보기가 나타난다면 제대로 길을 찾
은 것이다. 도로 한복판으로 레일이 선명하게 나 있는 것을 볼 수 있
다. 과거 일제 수탈의 전리품이 한가득 실려 군산의 부둣가에 이르게
되는 바로 그 기찻길의 건널목이다. 확성기는 이미 수명을 다했고,
신호등의 표시등은 나간 지 오래다. 한눈에 봐도 기차는 오래전에 끊
겼다는 것을 알 수 있다. 건널목을 가운데 두고 양 갈래로 레일이 뻗
어 나간다. 한쪽은 구시가지로, 다른 한쪽은 항구로 이어진다.

　경보기를 기점으로 오른쪽 골목길로 접어들면 군산의 앞바다가
펼쳐진다. 금강 줄기가 휘감겨 돌고 돌아 바닷물에 부딪혀 탁류로 몸
을 섞는다는 채만식의 소설 속 그곳이다. 그러나 탁류는 이미 옛날의
탁류가 아니다. 수심은 낮아질 대로 낮아져 큰 배는 더 이상 드나들
수 없게 되었다. 번성했던 항구도시의 위용은 온데간데없고, 금강 하
구둑에 막혀 맥이 풀린 부둣가만이 잔잔히 밀려오는 서해의 물살을
감싸 안고 있다. 허름한 선술집, 인적이 끊긴 옛 어시장 터와 선창가
만이 덩그러니 자리를 지키고 있다.

▶ 군산 구시가지의 모습. 80~90년대에 지어진 건물들이 도로변에 가득 늘어서 있다.

선창가 이름이 째보선창가다. 이 째보라는 이름이 붙은 것에는 두 가지 이야기가 전해 온다. 하나는 일제강점기 때 이곳 선창에 째보 라고 불리던 객주가 있었는데, 그가 이곳 포구의 상권을 완전히 주 름잡고 있었기 때문에 째보선창이 되었다는 것이고, 또 다른 이야기 는 포구의 모양새가 안쪽으로 째진 모습이 마치 언청이, 즉 째보와 같다하여 그렇게 이름을 붙여졌다고도 하는데 어느 것이 맞는 것인 지 지금은 알 길이 없다. 물이 빠지니 배도 빠지고, 사람들이 떠나니 항구도 자리를 옮겼다. 많은 것들이 멈추었다.

선창가를 벗어나서야 제대로 된 일제강점기의 유산을 만날 수 있 다. 항구와 바다가 접하는 지점에 오래된 철골 다리가 눈에 띈다. 우 리말로 뜬다리, 한자로는 부잔교(浮棧橋)라고 한다. 모두 1920~30 년대에 지어진 산업 시설물이다. 일제가 아시아 정복의 야심을 불태 우고 있을 당시, 동력 엔진의 굉음을 내며 밀물 썰물의 수위를 가늠 했을 이 다리로 호남 일대의 수백만 톤 쌀가마니가 열도로 빠져나갔 다. 한때 이곳을 통해 조선 반도 곡류 수출량의 약 4분의 1이 빠져나 갔을 정도라 하니 실로 대단한 수탈 기지 노릇을 한 셈이다.

뜬다리의 구조를 보면 물에 쉽게 뜨도록 상자 모양의 부체를 띄 우고 그 위에 철근, 콘크리트, 강판, 목재로 바닥을 덮어 다리로서의 유연성과 안정성을 모두 갖추었다. 조수 간만의 차에 맞춰 좌우의 쇠사슬이 아래위로 자유로이 움직일 수 있어 언제든 물자를 실어 나 를 수 있는 구조이다. 하나의 다리에 3천 톤 급의 배 4척이 동시에

▶ 째보선창가의 모습. 수심이 얕아져 어업 활동이 힘들어지고 상권이 크게 쇠퇴하면서 이제는 몇몇 소형선만이 드나드는 작은 포구가 되었다.

▶뜬다리 주변에 정박하고 있는 소형선의 모습들. 일제 수탈의 본거지가 이제는 생업 활동의 공간으로 바뀌었다.

▶ 뜬다리의 모습

달라붙어 실어 나를 수 있는, 당시로써는 매우 획기적인 시설이었다. 지금도 이곳에는 조업을 마치고 돌아온 소형선들이 옹기종기 모여 있다. 수탈의 공간이 생업의 공간으로 바뀐 것이다.

색다른 광경도 보인다. 뜬다리 옆으로 대한민국 마크가 새겨진 군함 한 척이 주둔해 있다. 부둣가 도로변으로는 탱크, 전투기, 장갑차들이 일렬횡대로 늘어서 있다. 뒤쪽으로는 해양 경비선도 보인다. 최근까지 대한민국 국방의 임무를 수행했던 퇴역 장비들이다. 행렬의 끝자락에는 옛날식 목욕탕 굴뚝처럼 보이는 시멘트 탑이 서 있다. '진포해양테마공원'이라 적혀 있다. 고려 시대 화포를 이용해 왜선 500여 척을 격침했던 최무선 장군을 기념하면서 동시에 대한민국 국군의 화력 과시를 위해 만든 전시 공간이다.

군함 안으로 들어가면 '최무선 기념관'이 마련되어 있다. 다른 층에는 안보 교육장과 해군 병영 체험관이 갖추어져 있는데, 현대식 군복과 비상식량, 함선의 식당과 침실도 소개되어 있어 부모를 따라온 아이들에게 인기가 좋다. 실전에 배치되었던 군함을 직접 구경할 수 있다는 점에서 방문객에게 좋은 볼거리를 제공한다.

그런데 이 좋은 볼거리들이 왜 일제 수탈의 근거지 옆에 자리하고 있는지에 대해서는 의아한 생각이 든다. 왜구를 무찔렀던 오랜 과거의 역사를 오늘의 입장에서 계승하겠다는 것인지, 아니면 일제 침탈의 상처를 승리의 역사로 위안받겠다는 것인지 자못 궁금하다. 어쨌든 이 전시로 인해 고려 시대, 일제강점기, 대한민국의 역사가

▶ 진포해양테마공원 한쪽에는 적군을 감시하는 망루 모형이 갖추어져 있다.

▶ 일제가 만든 뜬다리 바로 옆에는 미국으로부터 인수받아 운용했던 위봉함이 함께 전시되고 있다.

▶ 근대 문화유산 거리에는 6·25 전쟁 참전국의 깃발이 나부끼고 있다(위). 전시된 육해공 살상 무기 뒤 편에 아이들을 위한 놀이터가 있어 당혹스럽다(아래).

군산 앞바다에서 동거하게 되는 묘한 상황이 연출되고 있다.

사실 '왜구를 이겼다', '일제에게 졌다', '우리의 국방력을 회복했다'라는 세 가지 메시지가 결합된 풍경의 이면에는 관광의 문제가 자리하고 있음을 이야기하지 않을 수 없다. 군산시는 2007년 군산 내항에 특색 있는 관광자원을 개발하여 침체된 경제를 회복한다는 계획을 갖고 있었다. 시민의 역사의식에 대한 자긍심을 고취시키겠다는 시정 목표를 내걸기에 앞서, 군산이 장기적인 내수 침체로 인해 제 기능을 발휘하지 못하고 있는 문제가 더 큰 위기의식으로 자리 잡고 있었던 것이다. 결과적으로 '특색 있는 관광자원의 개발'은 군산의 '근대 문화유산 거리' 정책과 맞물리는 가운데 시대를 초월한 희한한 역사 전시로 치닫게 된다.

'진포해양테마공원'의 가장자리에 가 보면 수많은 나라의 국기들이 펄럭이고 있는 모습을 볼 수 있다. 대한민국기와 유엔기 사이에 기념비가 하나 보인다. 'Freedom is not free(자유는 거저 얻는 것이 아니다.)'라는 글씨가 굵직하게 적혀 있다. 23개의 국기는 6·25 참전 평화기다. 부둣가의 풍경이 일제와의 대치에서 남북 간 대치의 구도로 선회하고 있다.

'인천 상륙작전 말고도 군산 상륙작전이 있었나?' 의아한 생각에 다시 군함 주변을 둘러보았다. 군함 이름은 위봉함이다. 약력이 흥미롭다. 이 함정은 1945년 1월 16일에 미국에서 건조되어 14년간 미 해군의 주력 함정으로 제2차 세계대전에서 활약한 무기이다.

1959년에 미군으로부터 인수받은 이 함정은 무려 47년 동안 대한민국 국방의 임무를 수행하고 2007년 이곳에서 퇴역했다. 한마디로 이 함정은 6·25 전쟁에 참여한 군함이 아니다.

위봉함 뿐만이 아니다. 이곳에 전시된 육해공 무기의 대부분이 미군이 사용했던 구식 무기를 인수받아 사용한 것들이다. 남북 간 대결 구도가 한창이던 군사정권 시기에도 우리 스스로 국방 무기를 만들 수 없었다는 사실을 그대로 보여주는 대목이다. 결국 '우리의 국방력을 회복했다.'는 메시지의 바탕에는 과거 미군의 대대적인 지원이 있었음을 수긍하는 것으로 이 전시의 감상평이 마무리된다. 이렇게 근대 문화유산의 거리는 한미 동맹사의 지난날을 되짚는 과정으로까지 이르게 된다. 그야말로 '모든' 근대 문화유산이 한자리에 뒤엉켜 있다.

일제의 부활

부둣가 곳곳에서 기억에서 지워졌던 일제의 옛 흔적들이 되살아났다. 구 조선은행 군산 지점과 구 나가사키 18은행이 대표적인 건축물이다. 군산 철도선의 마지막 지점에 자리하고 있다. 옛 은행 옆으로 항구로 곧장 연결되는 도로가 지나간다. 이곳은 한때 일제의 관공서, 금융기관, 민간 회사들이 밀집해 있던 군산 최고의 번화가였다.

구 조선은행 군산 지점부터 살펴보도록 하자. 높게 쌓아 올린 벽

▶ 구 조선은행 군산 지점(위)과 구 나가사키 18은행(아래)

돌식 건물, 앞으로 돌출되어 있는 육중한 콘크리트 입구에서부터 위압감이 느껴진다. 지붕이 독특하게 생겼다. 위로 올라갈수록 'ㅅ' 자 모양으로 좁아지는 형태인데, 철판 같은 것을 위아래로 나누어 씌워 놓았다. 어떤 이들은 이것을 두고 '왜놈들이 일부러 왜장 투구 모양으로 지었다.'라고 하는데 그건 어디까지나 추측인 것 같다. 그런 느낌보다는 서양식 건축 기법에 빠져 있던 옛 일본인 건축가의 열망이 더 느껴진다.

구 조선은행 군산 지점은 1922년 나카무라 요시헤이[中村與資平]가 지었다. 동경제대 건축과 출신인데 우리나라에서 꽤 잘 나갔던 모양이다. 이왕가(李王家) 미술관과 숙명여자전문학교가 이 사람의 대표작이다. 그가 한국에서 설계한 건물이 42개 정도인데 이 중에서 22개가 은행 건물이다. 은행 건축의 대가라고 할 수 있을 정도이다. 이런 당대의 최고 건축가가 내려와 공공 기관을 지을 정도이니 일제가 얼마나 군산을 애지중지했는지는 쉽게 짐작할 수 있다.

그 옆으로 1914년에 지어진 구 나가사키 18은행이 있다. '18'이란 숫자가 붙은 것은 이곳이 열여덟 번째 지점이라는 뜻에서다. 이 건축물은 설계자도 모르고 시공자도 모른다. 단지 일제가 지었다는 사실만 알 수 있을 뿐이다. 1938년에는 '조선미곡창고주식회사'에 매각되면서 쌀 반출 조절을 위한 창고 업무뿐만 아니라 화물의 보관, 위탁, 판매, 운송, 화재보험의 대리 업무까지 관장했다. 전라도 일대의 일본인 금융인과 대지주 경제활동의 큰 몫을 담당했던 곳이다.

그런데 여기서 관심을 끄는 것은 은행이 간직한 군산의 일제강점사 그 자체가 아니다. 그보다는 지금 이 두 건축물이 보수가 아닌 복원의 과정을 겪고 있다는 점이 더 눈길을 끈다. 복원은 이미 없어졌거나 심각한 소멸 상태에 놓인 건축물을 원래의 모습에 근거하여 새롭게 만드는 작업이다. 오늘날 복원된 옛 은행은 100년 전 그 은행과는 전혀 다른 의미를 갖고 있다. 해방 이후 이 건축물들은 다른 이력을 만들어 갔기 때문이다.

조선은행은 새로운 인생을 산다. 한국은행을 거쳐 민간 기업인 한일은행이 인수받아 줄곧 은행의 삶을 이어가는 듯 했지만, 1981년에 민간 개인 소유로 넘어가면서 예식장이 되었다. 그리고 3년 후에 나이트클럽으로 탈바꿈했다. 그렇게 10년 가까이 잘 나가는 듯 했지만 1990년대 초에 큰 화재가 나면서 건물이 크게 훼손되었고, 이후 이곳은 방치되었다. 은행, 예식장, 나이트클럽으로 변하는 과정에서 건물의 모든 구조와 형태가 바뀌었고, 사실상 전혀 다른 구조가 되었다.

나가사키 18은행도 크게 다르지 않다. 1950년에 '한국미곡창고주식회사'가 이곳을 인수했고, 13년 후에 '대한통운주식회사'로 이름을 바꾸었다. 한때 창고로 사용되었지만 군산 내항의 경기 침체가 계속되면서 쓰임새를 잃고 방치에 가까운 상태에 놓이게 되었다. 최근 몇 년간 중고품 판매장으로 운영되었다는 사실만 보아도 이 건축물이 얼마나 외면받아 왔는지 알 수 있다.

▶ 복원한 구 나가사키 18은행(좌)과 신축한 군산향토음식점(우)이 대로변에 나란히 자리하고 있다. 음식점 창문을 문화재의 아치형 창문과 유사한 형태로 만든 것이 인상적이다.

'왜 그동안 문화재를 이토록 방치했는가?'라는 나무람은 별 의미가 없다. '침탈당한 근대사도 우리 역사다.'라는 의식이 한국 사회의 수면 위로 떠오른 것은 불과 20년도 채 되지 않았기 때문이다. '일제의 유산'은 늘 한국인의 따가운 시선을 받으며 위태위태한 상황에 놓여 있었다. 그리고 1995년, 김영삼 정부의 '역사바로세우기운동'이 일어나면서 조선총독부 폭파를 시작으로 전국 각지의 일제 건축물들이 일순간에 사라졌다.

이때 군산에서도 구 군산 시청, 구 군산 경찰서, 구 군산 초등학교와 같은 국가 소유의 일제 건축물들이 해체됐다. 민간 소유로 있던 일제 건축물들도 상당수가 증축과 신축의 과정을 겪게 된 것은 물론이다. 만약 그때 조선은행이나 나가사키 18은행이 원형 그대로 있었다면 '일제잔재청산 살생부'에 올라 흔적조차 없이 사라졌을 것이다.

두 은행 모두 숱한 이력을 가지고 있다. 여기서 놓치지 말아야 할 점은 이것들이 문화재로 공인받은 것은 지극히 근래의 일이라는 사실이다. 민간의 손에 맡겨 두다가 막판에는 거의 버려두다시피 했던 이 두 건축물을 '일제 수탈의 아이콘'으로 되살린 것은 단순히 일제강점기의 모습을 그대로 보여주겠다는 역사적 사명 때문만은 아니다. 그보다는 이것들이 군산을 먹여 살릴 수 있는 관광자원으로 주목받았다는 점이 더 중요하다.

먹을거리, 즐길거리로 새로이 거듭나고 있는 일제 건축물들을 본다면 그 사실을 더욱 공감할 수 있을 것이다. 군산근대역사박물관과 옛 은행 사이에 시멘트 벽으로 이루어진 목조 건축물 두 채가 나란히 서 있다. 한 곳은 '미즈 카페', 다른 한 곳은 '장미 갤러리'이다. 각각 카페와 전시 갤러리로 이용되고 있다. 두 곳 모두 일제강점기에 지어졌다는 이력으로 인해 전혀 다른 공간으로 탈바꿈했다.

미즈 카페의 원래 위치는 지금의 이곳이 아니다. 군산근대역사박물관 정면에 자리하고 있었다. 어느 날 박물관이 이 건축물 뒤편에 들어서게 되면서 통째로 들려 지금의 자리로 옮겨졌다. 과거에 줄곧 무역 회사의 업무 공간으로 쓰였던 곳이다. 장미 갤러리는 광복 이후에 위락 시설로 사용된 내용 외에는 뚜렷한 기록이 남아 있지 않다. 그러나 적어도 과거에는 지금과 같은 갤러리 공간으로 사용되지 않았다는 것만은 분명하다.

최초의 이력을 인정받아 문화재로 등록된 두 은행과 비교하면 이 두 건축물은 완전히 새로운 운명을 짊어지게 된 셈이다. 그동안 서로 다른 역할을 맡고 있던 두 건축물은 오늘날 '일제의 흔적'으로 주목받게 되었고, 관광이라는 타이틀 속에서 똑같은 겉모습으로 분장한 채 하나의 문화 상품으로 변신했다.

일제 문화의 만끽은 쉴거리에서 절정을 이룬다. 박물관 앞으로 곧장 나 있는 도로를 따라 걷다 보면 머지않아 '고우당'이라는 간판이 걸린 대규모의 게스트하우스가 나타난다. 2012년 문을 연 고우당은 다다미식 숙소, 카페, 일본식 선술집, 문학관, 매점, 프런트, 연못

쉼터가 갖추어져 있는 복합 문화시설이다. 일본식 전통 가옥의 모습을 띠고 있어 이색 문화 체험 공간으로 관광객들에게 많은 인기를 끌고 있다.

고우당의 한가운데 서서 주변을 둘러보면 다소 기이한 모습들을 발견할 수 있다. 게스트하우스의 지붕 너머로 아파트 단지가 거대한 장벽처럼 둘러쳐져 있고, 옆으로는 오래된 성당 하나가 바짝 붙어 있다. 이곳의 기와지붕에 맞게 성당 지붕을 교체하여 같은 모양새로 맞춘 것이 퍽 인상적이다. 고우당을 빠져나와 인근 가옥들을 살펴보면 옛 적산 가옥의 모습을 제대로 갖춘 곳이라고는 거의 찾아볼 수 없다. 낡은 주택가와 아파트가 어우러진 전국 어디에서나 볼 수 있는 흔한 동네의 모습뿐이다.

이 평범한 주택가의 한 자리에 어느 날 고우당이 들어섰다. 옛 일제의 흔적을 가까스로 유지하고 있는 가옥들을 매입하고, 여기에 일반 양옥까지 덧붙여 지금의 '일본식 숙소'로 재탄생시켰다. 어느 주민에 따르면 숙소 입구에 위치한 양옥은 한때 피아노 학원으로 쓰였던 곳이라 한다. 하지만 이제는 고우당의 한 부속이 되어 현대식 벽돌 벽면에 일본식 기와만 얹은 특이한 집으로 바뀌었다. 오랜 시간 생활과 생업이 뒤섞여 있던 이곳이 이제는 '일제의 풍경'으로 한데 묶여 전혀 다른 의미를 부여받게 된 것이다.

관광과 생활의 교차점에서 발생하는 재미난 광경도 볼 수 있다. 고우당으로 가는 길목에 보면 독특한 모습을 하고 있는 편의점 하나

▶ 군산 내항 거리에 자리한 '일제식 편의점'. 시간에 따라 1층의 편의점 간판은 계속 바뀌고 있지만 2층의 일제식 외관은 그대로 유지되고 있다.(상:2012년, 중:2013년, 하:2014년)

가 눈에 띈다. 2층짜리 건물인데 1층은 현대식 편의점이고, 2층은 일제식 외관을 한 생활공간이다. 일설에 따르면 건물주의 의지에 따라 2층의 모습만큼은 그대로 유지하도록 한 것이라는데, 이유야 무엇이든 이 편의점은 지금 '일제식 편의점'이라는 군산 시내의 명소로 널리 회자되고 있다. 일제의 생활공간이 새로운 가치로 인식되면서 2층은 1층의 상품적 가치를 더욱 높여주는 결과가 된 것이다.

관광의 물결로 인해 상대적으로 역사적인 가치를 잃은 곳도 있다. 군산근대역사박물관 맞은편에 자리한 빨간 벽돌에 고풍스런 지붕을 갖춘 집, 구 군산 세관이다. 주변이 온통 현대식 빌딩으로 둘러싸여 잘 눈에 띄지는 않지만 유심히 볼 필요가 있는 곳이다. 대한제국이 1908년에 거금 8만 6천 원을 투자하여 완공한 건축물이다. 대한제국의 돈으로 세워졌다는 이유 때문인지는 몰라도 군산 시내에서는 '일제잔재청산 살생부'에서 유일하게 살아남은 공공 기관 문화유산이다.

색깔도 곱고 미관의 태도 빠지지 않는다. 지붕에는 물고기 비늘 모양의 슬레이트를 촘촘하게 박아 넣어 윤이 반질반질하다. 지붕과 지붕이 맞닿는 곳에는 첨탑이 세워져 있다. 반원 모양을 낸 커다란 창문과 출입문에서는 로마네스크 양식이 두드러지게 나타난다. 현관 지붕을 밖으로 빼내는 방식이라든지 벽면 전체에 창문을 내어 두는 것은 영국 주택의 양식에서 따왔다. 대한제국 말 당시 일본제국이 받아들인 이른바 '혼합식 유럽 스타일'이다.

일제가 군산 세관 세우기에 많은 공을 들인 이유는 간단하다. 군산이야말로 최적의 수탈 전진기지였기 때문이다. 전북, 충남 일대의 광활한 곡창지대의 쌀을 값싼 가격에 끌어오기에 최적지였다는 점, 군산 앞바다에서부터 금강 상류까지 이르는 막대한 상권을 차지하여 일본의 값싼 공산품을 대량으로 판매할 수 있다는 점, 청나라 상인과 강경 상인과의 무역을 차단하고 일제의 무역 항로를 개설하여 일본인 진출을 지원하기에 좋은 여건을 가졌다는 점이다. 이 세 가지 목적을 실현하기 위해 일본 상인들은 공식적인 국가 통제 기관인 세관이 절실히 필요했다.

세관의 볼거리는 겉모습에만 있는 것이 아니다. 안으로 들어가면 군산 세관사의 '모든 것'을 한데 모아둔 다채로운 세상이 펼쳐진다. 가장 눈에 띄는 것은 '가짜 상품 전시실'이다. 군산 세관이 실제 적발한 이미테이션 상품들이 공간 한쪽에 길게 늘어서 있다. 각종 유명 브랜드의 진품 가품 구별법까지 액자로 만들어 전시해 두었다. '군산 세관 왕년에는……?'이란 코너도 있다. 각종 대회에서 수상한 트로피들이 진열되어 있다. 또 다른 방으로 넘어가면 세관 직원들이 착용했던 계급장과 관복을 시대별로 풀어 놓았다. 이것들은 일제 이후의 역사이다.

이런 세세한 자취들이야말로 군산 세관의 진짜 역사, 나아가 군산 역사의 진짜 단면을 이해할 수 있는 단서일 것이다. 사람이 바뀌면 건축물의 내용도 바뀐다는 사실을 있는 그대로 보여주고 있는 것이

▶ 구 군산 세관은 군산에서 가장 오래된 역사를 지닌 건축물이다. 100년 세관사의 흐름이 이곳에 고스란히 간직되어 있다. 현대식 건물로 둘러싸여 있어 쉽게 눈에 띄지 않는다.

▶ 아파트 단지와 일반 주택가 사이에 들어선 일본식 게스트하우스 고우당의 모습

다. 대한제국, 일본제국, 대한민국 세 시대의 100년 역사가 고스란히 남아 있다. 군산근대역사박물관 안에 설치한 1930년대의 거리 세트장보다 훨씬 더 진정성 있게 다가오는 이유이다. 그럼에도 불구하고 이곳은 세관 역사 자체로 주목받기보다는 박물관 관람의 부수적인 코스로 자리하게 되면서 일제 거리의 풍경으로만 굳어져 가고 있다.

한때 일제의 흔적에 대해 증오하고 분노했던 군산이라는 땅에서 지금 그것들이 새로운 볼거리로 거듭나고 있다. 허물고 감추었던 것들이 이제 다시 관광이라는 이름으로 대중 앞에 모습을 드러냈다. 문화 공간, 문화재, 숙박 시설, 편의 시설 가릴 것 없이 일제의 타이틀로서 어필할 수 있는 소재라면 그 어떤 것이라도 되살려 관광 코스의 한 지점으로 만들고 있다. 일제의 잔해들이 관광의 울타리 안으로 넘어 들어오고 있는 것이다. 그리고 이것들은 '독도 영유 문제의 분노'와는 별개 성질의 것, '일제 문화'라는 유희의 대상으로 서서히 자리매김하게 되었다.

군산의 일제는 지금 근본적인 분열을 겪고 있다. 일제라는 키워드는 이미 군산의 일상에서 이탈했다. '잊지 말아야 할 아픔의 회고록'이라는 말만으로 모든 것을 감싸기에는 너무 벅차다. 그것보다는 군산에 남아 있는 일제의 모습이 우리에게 혹은 그곳을 살고 있는 사람들에게 어떤 혜택을 줄 것인지가 더 절실한 문제가 되었다. 일제는 더 이상 지나간 역사의 화석 같은 존재가 아니다. 관광과 자본의 흐름에 따라 다양한 형태로 진화해 관광객을 맞이하고 있다.

여기 중요한 사실 한 가지가 있다. 지금까지 훑어본 군산의 일제가 회복, 보존, 복원 등으로 표현됨에도 불구하고 과거를 온전히 되살리기보다는 오히려 과거를 지워 버리는 부분이 있다는 점이다. 오늘날 관광의 대상이 되는 일제의 요소가 엄밀히 말해 역사에 현존하는 그 자체의 모습이라기보다는 상상에 의해 재구성된 결과물의 성격을 더 강하게 갖고 있기 때문이다. 이것은 실제 과거에 존재했었던 일제 그대로를 기억하는 모습이 아니라 오늘날의 입장과 명분에 맞게 새로운 일제를 만들어가는 과정으로 보는 것이 옳겠다.

하나의 근대 문화유산 거리 안에도 너무나 많은 역사의 갈래가 있고, 삶의 갈래가 있다. 다양한 색깔의 문화가 일제가 남긴 자취 위에 내려앉았다. '이건 분명 일제의 것이야.'라고 못 박아 이야기할 수 없는 것들이 너무나 많다. 일제가 떠난 후, 일제 남기기에 대한 부정과 긍정이 오가며 혼선과 마찰이 빚어낸 이 당혹스러운 고민의 흔적들이야말로 군산의 근대에 대해 폭넓은 눈으로 바라볼 수 있게 해주는 열쇠가 아닌지 생각해 본다.

2013. 白

두 번째 시선

다중 인격:
있는 그대로 인정하기

얼핏 보면 하나의 모습이지만, 자세히 보면 여러 얼굴을 하고 있다. 각각의 얼굴들은 세월이 흐르면서 엉키고 달라붙어 몹시 혼란스러운 형체가 되었다. 서로가 서로를 증오하면서도, 타협하기도 하고, 때로는 화해하기도 한다. 조선, 일본제국, 대한민국이 함께 낳은 이 운명체는 겉과 속이 다른 이야기를 들려주고 있다.

일본의 사과를 받고 싶다면 동국사로

일제의 사찰 금강사에서 한국의 사찰 동국사까지

동국사를 찾은 세 가지 이유

사찰을 찾는 묘미가 있다. 누군가에게는 등산이 한몫을 할 것이고, 누군가는 종교적인 힘과 그윽한 산의 기운을 받는 힐링의 시간일 것이다. 물론 깨달음의 세계에 들어가는 것을 떠올리는 진지한 사람도 있을 것이다. 흡사 히말라야를 등반하는 듯 명품 등산복과 장비를 뽐내며 사찰에 잠시 들르는 등산객들도 있을 것이다. 그렇더라도 흉보지 말자. 강원도 원주에 있는 상원사는 은혜 갚은 꿩의 전설이 전해져 오는 곳으로 유명하다. 해발고도 1,200미터로 한국의 사찰 중에 가장 높은 곳에 위치한 명성답게 부처님을 만나러 가는 길이 호락호락하지가 않다.

그렇다면 이곳 동국사를 찾는 묘미는 무엇일까. 일단 도심 중심가

▶ 동국사 전경

에 있다는 점에서 명산 기슭에 멋지게 자리 잡고 있는 사찰의 모습을 기대하기는 힘들다. 더욱이 '동국사 가는 길'이라고 명명된 사찰 앞거리는 관광지처럼 인위적으로 꾸며 놓아 아쉬움이 남는다. 하지만 실망만 하기에는 이르다. 우선 동국사를 찾는 묘미를 꼽자면, 첫째는 일본이 최초로 조선 침략에 대해서 참회하고자 세운 참사문비(懺謝文碑)를 볼 수 있다. 둘째는 국내에 남아 있는 대표적인 일본식 사찰이라는 사실, 그리고 마지막으로 고은 시인이 출가했던 사찰이라는 점이다.

강화도조약 이후 1877년 부산 개항과 함께 조선에는 일본의 각종 불교 종파가 들어오게 되었다. 일본 불교는 식민지 사업에 적극적이었는데, 조선에 관한 각종 정보를 수집해서 정부에 제보했고, 각종 전쟁(만주사변 1931, 중일전쟁 1937, 태평양전쟁 1941)에 참여한 일본군 부대를 찾아가 위문 활동을 했으며, 조선 불교인들을 유인하여 조선인들을 사상적으로 순화시키는 정신적 침략을 감행했다.

1911년 6월 3일, 조선에는 사찰령이 공포되었다. 사찰령을 이용해서 총독은 조선의 불교 교단을 장악하고 재편성하여 통제하고 간섭했다. 조선인의 종교적 정신마저도 일본에 동화시키려는 그들의 전략이었던 것이다. 한국에서 일본으로 건너간 불교가 식민 통치 수단으로 되돌아오는 비극적인 상황이 되었다.

당시 일본 불교는 식민지 통치 기구의 일종이었다. 그렇다면 일본 승려들은 어떤 명분을 갖고 조선에 왔을까. 조선 불교를 서구 기독

▶ 동국사 입구

교로부터 지켜주기 위해서일까, 아니면 식민 지배 또한 조선인의 업이라는 논리에서일까, 모든 것은 구차한 변명일 뿐, 모두 위장된 침략 의도로 보인다. 동국사의 2대 주지인 나가오타 겐테이[長岡玄鼎, 周巖玄鼎]가 쓴 명문을 보면 그 의도를 파악할 수 있다.

"우리들은 함께 일한 병합을 하였고 제1차 세계대전이 (끝나) 평화의 아름다운 시대에 이르렀기에 그 은혜에 감사하는 바이다. … 천황의 은덕이 영원히 미치게 하니, 국가의 이익과 백성의 복락이 일본이나 한국이나 같이 굳세게 될 것이다."

이것은 철저히 가해자의 입장에서 쓴 글이다. 결국 일본 불교의 조선 포교 활동은 정신적 침투의 전초전이었던 셈이다.

동국사 역시 일제강점기 일본 불교의 조선 침략 유물 중 하나이다. 1899년 5월 1일 군산항 개항과 함께 개항장의 외국인 전용 주거지역인 조계지(租界地)가 지금의 영화동과 장미동 일대를 중심으로 형성되었다. 그리고 일본인 승려 우치다 붓칸[內田佛師]은 1909년 '금강사(錦江寺)'라는 이름의 일본 불교 조동종(曹洞宗) 사찰로 문을 열었다. 창건 당시 작은 포교소로 시작하여, 1913년 지금의 자리인 금광동으로 옮겨졌다.

군산에서는 일본 불교 종파들 가운데 조동종이 활발한 포교 활동을 했는데, 이 종단에서 조선에 다섯 번째로 건립한 것이 바로 금강사다. 일제강점기 조동종은 조선에 160여 개 사원과 포교소를 운영한 거대 종단이다. 특히 우리에게는 명성황후 시해 사건의 배후 인물로 지목된 다케다 한시[武田範之]의 소속 종파로 알려져 있다. 현재에도 조동종은 1만 5천여 개 사찰과 9천만 명에 달하는 신도를 보유하고 있는 일본의 최대 종파이다.

일제강점기에 조선에는 전국적으로 500여 개의 일본 사찰과 포교소가 세워졌는데 해방 이후 이곳 동국사를 제외하고는 대부분 철거되었다. 때문에 일제강점기의 일본 사찰을 보고 싶다면 이곳 군산으로 와야 한다.

더욱이 2011년 11월 일본 조동종 소속의 승려들 가운데 이치노헤 쇼코[一戶彰晃]를 대표로 조선 침략을 참회하는 의미에서 동국사를 지원하는 모임이 만들어졌다. 이 동지회(東支會)는 동국사의 기록화 작업에 필요한 일본 측 자료를 제공해 주었다. 그리고 2012년 조동종이 과거 식민지 정책이나 전쟁에 가담했던 만행을 참회하고자 동국사 앞마당에 참사문비를 기증했다. 일본이 공식적으로 사과문을 설치하고 행사를 한 것은 동국사 참사문비 제막식이 처음이다.

한편, 동국사에는 사찰보다 더 유명한 고은 시인의 이야기가 있다. 고독한 시인, 거리의 시인, 참여 시인, 그리고 저항 시인으로 알려진 그는 70년대 산업화 과정의 각종 폐해를 사회에 호소했고, 80년대는 독재 정권에 맞서는 민주주의 운동을 했다. 이 과정에서 수시로 경찰과 중앙정보부(현 국정원)에 잡혀갔으며, 수차례 옥살이를 했다.

그의 삶 자체가 우리 현대사의 슬픈 자화상이다.

고은은 1952년 그의 나이 19세가 되던 해에 동국사로 출가하여 중장(中藏)이라는 법명을 받았다. 이곳에서 2년간 머물던 중 지인의 권유로 만해 한용운처럼 승려 시인의 길을 꿈꾼다. 그래서 여류 시인 정윤봉, 화가 홍건직과 나병재 등으로 구성된 '문예단 토요동인회'에 가입하게 된다.

토요동인회는 토요일마다 개복동 '비둘기 다방'에서 모여 붙여진 이름이다. 당시 서울에 명동, 부산의 광복동이나 남포동, 광주에 충장로가 있다면 군산에는 바로 개복동이 있었다. 그들은 시화전과 문학 강연회를 열기도 했고 이병기, 신석정, 김수영과 같은 타 지역의 시인들과도 활발한 교류를 했다. 이렇게 동국사는 고은이 시인으로서 첫발을 내디딘 곳으로 중요한 의미를 담고 있다.

일본의 첫 사과, 동국사 참사문비

일본열도를 휩쓸었던 '욘사마'(배우 배용준)의 인기, 스포츠 경기에서의 한일전 승리, 국제시장에서 삼성이나 현대가 일본 회사를 상대로 거둔 승리, 이러한 소식들은 한때 우리나라를 침탈했던 일본을 상대로 거둔 성적이어서 통쾌하게 느껴진다. 한류 열풍도 뜨겁다. 한국 연예인을 만나기 위해 바다 건너 찾아오는 열성적인 일본 관광객들에 대한 뉴스는 이제 새삼스럽지 않게 되었다. 이런 보도를 접하고 있노라면 문화 선진국 일본이 이제는 우리 대중문화에 빠져 있

▶ 군산 동국사의 참사문비

"우리는 과거 해외 포교의 역사 속에서 범했던 중대한 과실을 솔직하게 고백하면서 아시아인들에게 진심으로 사죄하며 참회하고자
한다. 그러나 이는 과거 해외 포교에 종사했던 사람들만의 책임은 아니다. 일본의 해외 침략에 박수갈채를 보내고 그것을 정당화했
던 종문 전체가 책임을 져야 할 문제인 것이다."

일본 조동종, 군산 동국사 참사문비 중에서

다는 사실에 은근한 자부심을 느끼기도 한다.

그러나 무언가 공허하지 않은가. 이런 식으로는 과거의 상처가 치유되지 않는다. 역사적으로 큰 잘못을 저지른 그들에게 우리는 진정한 사과를 받아본 일이 있던가. 여기에서 알려 줄 사실이 하나 있다. 만약 일본에게 사과를 받고 싶다면 군산의 사찰 동국사로 찾아가면 된다.

동국사는 현재 한국과 일본 양국의 화해와 관계 회복을 위한 가교 역할을 하고 있다. 첫째는 많은 일본인 관광객들이 이곳을 찾는다는 것이다. 사찰 뒤편으로 '동백'이라는 이름의 개가 있는 곳은 예전에 일본 장병 유골 안치실이었다. 일본 사찰의 경우 주로 대웅전 뒤편에 납골당을 만들어 죽은 자를 안치한다. 이 안치실은 1960년대에 해체되었고, 해체 당시 납골당의 유골들은 모두 금강에 뿌려졌다. 이 소식을 들은 일본 후손들은 동국사로 찾아와 대성통곡하며 대신 절 마당의 흙을 담아 갔다고 한다. 이러한 내용들이 일본의 NHK TV 방송과 아사히 신문 등 언론 매체를 통해서 대대적으로 보도가 되었고 방송을 본 일본 사람들이 실제 그 모습을 보려고 군산으로 많이 찾아온다.

만약에 납골당을 그때 해체하지 않았으면 어땠을까? 아니면 해체를 하더라도 유골들을 버리지 않고 한군데 모아 모셔 두었다면 지금쯤 대단한 관광거리가 됐을 것이라는 상상도 해 보았다. 아마 더 많은 일본 사람들이 이곳을 찾았을 것이다. 관광이라는 측면에서 벗어나서도, 한국과 일본 사람들 모두에게 일본의 제국주의의 악행을 돌아볼 수 있는 장소가 되었을 것이다. 지금 와서 후회한들 무슨 소용이 있을까. 선택의 잘잘못을 떠나서 그때 그것이 우리의 선택이었다는 점도 이해할 필요가 있다.

두 번째로는 일본의 조동종은 이곳으로 방문단을 인솔해 와서 일제강점기 당시의 희생자들을 추모하는 위령제 및 다례제를 올렸다. 2010년과 2012년에는 각각 태평양전쟁 때 희생된 조선인들을 추모하고, 일본 홋카이도로 강제 징용되어서 희생된 조선인들을 위로했다. 잘 알려졌다시피 일본은 전쟁 수행에 필요한 노동력을 충원하기 위해서 조선인들을 강제 징용하여 주로 탄광과 토목공사장에서 노예노동을 시켰다. 이렇게 억울하게 죽은 영혼들을 위해서 조동종은 추모제를 준비했다. 이것은 한 종교의 식민지정책 가담에 대한 반성을 넘어서서 일본제국주의 전체에 대한 반성을 의미한다고 볼 수 있다.

특히 2012년 9월에는 동지회가 그들의 과오를 참회하는 의미에서 동국사에 참사문비를 제막했다. 동국사가 양국의 교류와 평화를 상징하는 곳이 되기를 기원하는 행사였다. 참사문비는 본래 1992년에 조동종이 발표한 참사문 내용을 발췌하여 조각한 것이다. 그러나 참사문 발표 당시에 일본 내에서 많이 알려지지 않았고, 반성의 정신도 계승되지 않은 것에 안타까움을 느껴서 한국에 건립하게 된 것이다. 비록 한국에 참사문비를 건립하기까지 20년이라는 세월이 걸렸지만, 제막식을 통해 일본의 공식적인 참회를 받아들일 수 있는 계기가 되었다.

"우리는 과거 해외 포교의 역사 속에서 범했던 중대한 과실을 솔직하게 고백하면서 아시아인들에게 진심으로 사죄하며 참회하고자 한다. 그러나 이는 과거 해외 포교에 종사했던 사람들만의 책임은 아니다. 일본의 해외 침략에 박수갈채를 보내고 그것을 정당화했던 종문 전체가 책임을 져야 할 문제인 것이다."

- 일본 조동종, 군산 동국사 참사문비 중에서

한국과 이웃한 일본이 서로 언제까지 대립하고 있을 수만은 없다. 사찰 간 교류를 통해 국가 간에도 평화의 발판을 가질 수 있고, 양국을 넘어서 아시아와 세계, 그리고 인류 평화의 길로 갈 수 있을 것이다. 앞으로도 동국사는 침탈의 역사, 전쟁의 역사, 불교의 역사, 참회의 역사, 평화의 역사를 후손들에게 알려 줄 수 있는 소중한 공간이 될 것이다.

역사적인 현장에 오니, 그 옆에서 사찰을 지키고 있는 스님을 만나고 싶었다. 주지인 종걸 스님이 없었다면 동지회와의 교류라든지 참사문비 제막과 같은 일들은 없었을 것이라고 주민들에게 일찍이 귀뜸을 들었던 터다. 하지만 아쉽게도 스님은 출타 중이라 만날 수 없었다.

일본식 사찰의 수수께끼

만나고 싶었던 스님을 못 만나니 시간도 남아 입구부터 천천히 살펴보기로 했다. 일본식 사찰이 갖고 있는 수수께끼는 무엇일까. 어렸을 때 소풍을 가면 숨죽이고 기다렸던 보물찾기 시간처럼, 직접 동국사로 가서 찾아보는 일도 재미있을 것이다.

입구에는 따로 일주문이나 사천왕문과 같은 큰 문은 없고 나지막한 경사로를 오르면 바로 사찰 앞마당이 펼쳐진다. 여기서 오르막길에 보면 누렇게 때가 낀 대리석 돌기둥이 입구 양편에 서 있는데, 한쪽에는 '소화 9년(1934년) 6월 길상일(吉祥日)'이라는 음각 기록이 새겨져 있고 다른 쪽에는 금강사라는 옛 사찰 이름이 있다. 잘 살펴보면 일본 천황의 연호인 소화(昭和)라는 글씨를 누군가가 예리한 물건으로 지우려 했던 흔적을 볼 수 있다.

다른 쪽도 마찬가지이다. 금강사 명칭 위에 조동종이라는 일본 불교 종파 이름이 지워져 있다. 또한 돌기둥의 사찰 명칭이 보이는 정면을 담장이 가리고 있어서 이상하게 생각했는데, 아니나 다를까 해방 후에 담을 설치하면서 금강사 이름이 보이지 않게 붙여 버렸다고 한다. 긁어 없애는 것도 모자라서 담으로 막아 버리다니 그 분노심이 정말 대단하다. 하지만 몇 해 전부터 근대 문화유산에 대한 인식이 서서히 바뀌기 시작하면서, 주지 스님께서 담을 조금씩 잘라내 옛 사찰명을 다시 볼 수 있게 되었다. 일본 사찰에 대한 우리나라 사람들의 정서적 거부감을 입구에서부터 보고 나니, 사찰이 담고 있을

▶ 동국사 입구 돌기둥. 입구 양편에 서 있는 돌기둥에는 각각 '昭和 九年 六月 吉祥日(소화 9년 6월 길상
일)'과 옛 사찰 이름인 '錦江寺(금강사)'라는 음각 기록이 새겨져 있다. 잘 살펴보면 일왕(日王)의 연호인
소화(昭和)라는 글씨를 누군가가 지운 흔적을 볼 수 있다.

이야기도 참 다사다난했을 거라고 짐작되었다.

오르막을 올라 앞마당에 들어서니 한눈에 모든 것이 들어왔다. 우선은 지붕 폭이 유난히 넓은 대웅전 건물이 눈에 띄었고, 복도처럼 보이는 공간 바로 옆으로는 요사(寮舍)*가 연결되어 있다. 그 오른편에는 별채가 따로 떨어져 있고, 대웅전 왼편으로는 범종각이 있다. 재미있는 것은 별채가 회백색의 양옥식 건물이라는 점이다. 1987년에 어느 보살의 시주로 건립되었다고 하는데 눈여겨볼 만하다. 많은 사람들이 일제강점 시기에만 초점을 맞추고 일본식 건축물을 보기 위해서 동국사에 찾아오는데, 이처럼 해방 후 지금까지 지속해서 변해 온 사찰의 살아 있는 모습도 볼 수 있다.

이제 많은 관광객들이 흥미를 갖는 일본식 건물을 살펴보자. 이치노헤 쇼코[一戸彰晃]는 『조선 침략 참회기』에서 '문을 지나면 오른쪽으로 떡하니 동국사 본당의 커다란 지붕이 보인다. 경내가 그다지 넓지 않기도 하거니와 갑자기 모습을 드러내기도 하여 커다란 지붕은 보는 사람을 압도했다.'라고 전경을 묘사하고 있다.

이치노헤 쇼코는 조동종 소속의 승려로, 조동종이 식민지 시기 전쟁에 가담했던 만행을 참회하고자 관련된 사료들을 수집하고 행적을 낱낱이 밝혀 왔다. 2013년 봄에 출간된 『조선 침략 참회기』는 그

---

* 요사 절에 있는 승려들이 거처하는 집

가 꿈꾸는 '진실한 참회로부터 시작되는 한일 불교 교류'의 첫걸음
이다. 글에서 그가 묘사한 동국사에 대한 풍경은 정확했다. 절의 우
람한 지붕은 당시에 주변 어느 곳에서도 잘 보일 수 있도록 축조되
었고, 설에 따르면 이 지붕은 일제강점기 지배의 위엄을 보여주려고
왜장의 투구를 연상케 도안되었다고 전해진다.

　지붕에서부터 시야를 옮겨 멀리 바라보면 대웅전 뒤로 대나무 숲
이 보인다. 이 대나무들은 사찰 중건 당시 일본에서 가져왔다고 한
다. 가까이 가서 보면 우리나라 대나무와는 달리 댓잎이 무성하고
줄기도 굵다. 숲은 마치 경내를 액(厄)이나 악(惡)으로부터 보호하려
는 듯 감싸고 있는데, 이것은 월명산 산자락으로까지 이어진다. 사
찰 남서 방향으로는 삼성 아파트 단지가 고개를 불쑥 내밀고 있다.
이 삭막한 콘크리트 구조물은 주변의 경관 따위는 무시하고 제 잘난
맛에 우뚝 솟아 있다. 건축과 자연의 조화로운 맛을 이곳에서 기대
하기는 힘들다.

　하지만 동국사는 이상하게도 도심가에 있는 것이 제법 잘 어울려
보인다. 마당 안에 '모든 것'이 조밀하게 존재하고 있어서일까. 군더
더기 없는 사찰 한 채와 신(神)들이 줄지어 모셔져 있다. 돌과 모래,
꽃이 있는 마당 앞쪽에는 시원한 그늘을 만들어 주는 은행나무가 있
고 뒤쪽에는 울창한 대나무를 심어 자연을 옮겨 왔다.

　자연을 병풍 삼아 대자연 그 자체에 짓는 것이 제멋인 한국의 건
축미와는 다르게 경내에 자연을 도입한 방식이 특징이다. 동국사 안

▶동국사 대웅전 뒤 대나무 숲. 이 대나무들은 사찰 중건 당시 일본에서 가져와 심은 것으로, 오늘날까지 그 면모가 이어져 오고 있다.

으로 자연과 신이 있으니 주위에 고층 건물은 크게 상관없다. 사찰 안과 밖은 경계가 뚜렷하고 철저히 구분된다. 이 모든 조성은 이어령이 『축소지향의 일본인』에서 말하는 '자연을 집 안으로 끌어들여 축소된 자연을 통해 우주를 보려는' 일본 특유의 정서에서 비롯된 것인지는 모르겠지만, 경내 안에는 모든 조건이 갖춰져 있어 동국사 특유의 분위기가 전해진다.

발밑을 보니 자갈들이 마당을 촘촘히 덮고 있다. 걸을 때마다 울퉁불퉁한 자갈 소리가 나서 조용한 사찰의 분위기를 깨는 것 같아 엉성하게 주춤거리게 된다. 자갈들이 정갈하게 있는 듯하며 마치 신성한 땅에 들어온 느낌이다. 자세히 보니 자갈들 위로 짙은 회색빛 디딤돌이 대웅전 정면과 사찰 입구에 두 갈래로 쭉 이어져 있다. 한 번 심호흡을 하고는 디딤돌 위를 천천히 걸었다. 세속의 어수선한 마음을 거두고 깨달음을 향해 가듯이……

대웅전은 일본식 사찰인 만큼 보기에 색다른 데가 있다. 가장 먼저 눈에 띄는 것이 지붕이다. 75도의 급경사 지붕은 우리나라에서는 볼 수 없는 양식이다. 한국식 지붕 추녀는 대체로 곡선 형태가 많다. 이 급경사 지붕은 일본의 해양성기후에 맞게 비가 많이 내려도 고이지 않도록 지어졌다. 건물 외벽에 많이 달린 격자무늬 창들 또한 같은 환경적인 이유에서다. 창호를 설치해 비가 올 때 습기를 빨리 내보내야 하는 섬나라 전통 건축양식이다. 재미있는 것은 문이 미닫이문 형식인데 이것은 한국 사찰에서는 볼 수 없다. 또한 지붕

▶동국사의 팔작지붕 홑처마 형식. 일본 에도(江戶) 시대의 건축양식으로 75도 급경사 지붕이다. 일본의 해양성기후에 맞게 비가 많이 내려도 고이지 않는 형태이다.

위 기와 귀면(鬼面)* 장식에는 한국 사찰에서 흔히 볼 수 있는 도깨비가 아닌 옛 사명인 금강사를 나타낸 글자 금(錦)자가 아로새겨져 있다.

또 하나 외관상 눈에 띄는 차이는 단청이 없다는 점이다. 동국사의 처마에는 화려한 장식이나 색이 없다. 흰 벽과 검은색 지붕과 기둥의 조화일 뿐이다. 벽에도 장식이나 문양, 벽화 따위가 없다. 담백한 게 바로 동국사의 특징이다. 그러나 한편으로 이것이 한국 관광객들에게는 심심해 보일 수도 있겠다.

대웅전의 기둥과 이 기둥들을 잇는 인방(引枋), 그리고 처마 끝 무게를 받치려고 기둥머리에 짜 맞추는 공포는 직접 일본에서 가져온 쓰기목(삼나무, 일본 향나무종)을 썼다. 기둥은 사각형이고 위에 있는 공포는 한국 사찰의 그것보다 매우 간결하다. 서까래 역시 얇고 세련된 느낌이다. 대웅전의 하단부는 석축으로 단층 기단이고 초석도 정갈하게 똑같은 모양으로 통일시켰다. 종합적으로 보면 대웅전은 간결하고 군더더기가 없어 보인다. 절제미가 느껴져서일까. 꼭 집어 말할 순 없지만 구성 자체가 서로 긴장 관계를 유지하고 있는 것 같았다.

대웅전 정면 앞 칸의 출입 공간 바닥은 시멘트로 마감되었는데

---

* 귀면 주로 법당 전면의 문짝이나 처마 밑, 기둥머리, 기와, 불단 등에 장식되며 그림이나 목각(木刻) 형태 장식. 용(龍)이나 도깨비 얼굴 형상으로 사찰을 수호하는 벽사의 기능을 함.

이는 신발을 벗지 않고 선 채로 예배를 드리는 일본 불교 전통에 따른 것이다. 신도들은 불전에 함부로 들어갈 수 없었다. 신의 영역이라는 뜻에서일까. 밖에서 향을 피우거나 기도를 올렸다. 일제강점기 당시 본당 정면 중앙에 향배를 두었다고 한다. 향배는 사찰 정면 부분에 사용되는 일종의 예배 공간이라고 보면 된다. 이곳에는 일본 사찰에서 흔히 볼 수 있는 절 안에 또 작은 절, 즈시[廚子]도 있었을 것이다.

일본의 민족 신앙인 신도(神道)와 불교는 오랜 기간 서로 영향을 주면서 긴밀한 관계를 갖게 되었다. 이러한 특징으로 볼 수 있듯이 금강사에서도 신도의 신과 불상이 같이 전당 안에 모셔져 있었을 것이다. 신도는 천황의 권위를 유지하기 위한 국가 종교로 정치적 색채를 띠었는데, 금강사에서도 천황의 신성(神性)과 관련된 패(牌)를 봉안하여 매일 기렸을 것이다.

생각이 여기까지 미치자 대웅전 안으로 선뜻 들어갈 수 없었다. 반감이 들어서 그랬을까? 대신 밖에 있는 범종각 쪽으로 발걸음을 돌렸다. 종각에는 범종이 지붕 높다란 곳에 매달려 있다. 주로 지면과 맞닿아 있는 한국 범종과는 다른 모습이다. 범종각은 1919년에 준공되었는데 안에 매달린 동종은 일본 현지 장인인 다카하시 사이지로[高橋才治郎]가 제작했다. 일본의 유명한 주조자였으며 그가 만든 종은 일본에서는 대부분 보물로 지정되었다.

범종각 기단 위에는 석조 불상 33개가 세워져 있고, 주변에는 12

개 띠별로 조성된 석조 불상이 있다. 당시 일본 신도들은 맨 먼저 12 지 본존 석불상의 자기 띠 앞에서 기도를 드리고, 석불상 앞 수곽(水 廓)에서 손을 씻은 뒤 법당에 들어갔다고 한다. 전문가들은 이것을 '밀교적 성격이 강한 일본인들의 자아 관음 신앙이 보이는 일본 사 찰의 특징'이라고 한다. 범종각 바로 앞에 홀로 아기를 안고 서 있는 석불상부터 자생년(㈜) 수존본이라고 기록되어 있는데, 아무리 찾 아봐도 홀로 아기를 안고 있는 불상은커녕 12지 띠의 특징을 찾을 수가 없다.

지금까지의 이 상세한 설명은 이론적인 것이며 내가 공부했던 보 편적인 일본 사찰의 특징에 그 내용을 대입한 것에 불과하다. 나는 상징학자도 아니고 건축학자는 더더욱 아니다. 누가 내게 에도 양식 [江戶]을 설명하거나 혹은 로마네스크 양식이나 고딕 양식에 대해 서 설명하면 나는 인내를 가지고 얌전히 듣고 있을 테지만 솔직히 내겐 큰 의미가 없다. 나와 같은 독자들이 많을지 모르니, 동국사의 일본식 특징을 찾는 일은 여기에서 멈추자. 그래도 여기에서 이것만 은 간직하자. 우리나라에 한 곳이라도 일본식 사찰이 남아 있어서 우리가 찾고, 보고, 느끼며 과거를 생각할 수 있다는 것을.

고은은 왜 동국사에 갔을까?

동국사에 시인 고은이 남긴 흔적은 실제 그렇게 많지 않다. 그의 작품에 등장하는 만리향(경내에 만리향 네 그루가 있다)과 동종 정도이다. 그는 학인(學人)*과 행자(行者)*의 신분으로 밥 짓는 공양주 일을 했고, 새벽과 저녁 청소 그리고 종 치는 일도 했다. 2년간 허드렛일만 하다가 떠났는데, 그는 그 시절을 자신의 자서전에 기록했다.

"28수(宿) 33천(天)을 울리기 위해서 각각 28번 33번을 치는데 범종의 울림이 충분히 없어질 때까지 기다려야 하기 때문에 꽤나 시간이 들었다. 내가 치는 종소리로 동국사 일대가 깨어난다는 사실, 그리고 이 종소리로 하루가 마감된다는 사실이 나를 괜히 벅차게 했다. 무엇보다 종루에서 멀지 않은 형무소 죄수들이 이 종소리로 위안을 삼는다는 얘기를 듣고 난 뒤부터는 보람이 되었다."

앞서 말했던 삼성 아파트 단지 부근이 과거 광주 형무소 군산 감옥이었다. 이 감옥은 특이하게도 한옥식이었다고 한다.

흥미로운 사실은 고은 시인의 작품 중에서 고향인 군산을 노래하거나 군산 사람들에 대한 이야기는 많이 보여도 정작 동국사에 대한 이야기는 드물다는 것이다. 정확히 얘기하자면 '일본식 사찰인 동국사'에 대한 언급을 찾기가 쉽지 않다. 왜 그럴까? 동국사가 그의 인생에서 그다지 큰 비중을 차지한 공간이 아니라서? 그건 아닐 것이다. 그는 여기로 출가하고 시인까지 꿈꾸었던 사람이었다. 생각건

---

* 학인 불교의 도를 배우고 익히는 과정에 있는 승려
* 행자 승려가 되기 위한 입문 과정에 있는 사람

▶ 동국사 범종각. 종에는 창건주, 시주자, 축원문 등의 내용이 음각돼 있다. 고은이 동국사 행자 시절에 날마다 쳤던 종이다. 기단 위에는 석조 불상 33개가 세워져 있고, 주변에는 12개 띠별로 조성된 석조 불상이 있다.

대 그에게 동국사는 일본식 사찰이 아니라 단지 동네의 절이었을 뿐인 것 같다. 일제강점기 군산에서 태어난 그로서는 일본식 건물이 새삼스럽지 않았을 것이다. 학교에서 일본어를 배우고 자라난 그에게 일본식 건물은 익숙했을 것이다.

따라서 그의 작품에 동국사가 나오고, 일본식 사찰이 그에게 준 영향은 무엇이고, 어느 방에서 그가 거처했는지 등 이런 것들을 기대했다면 실망할지도 모른다. 하지만 일본식 사찰이라는 사실은 이제 그만 떨쳐 버리고 그 이후에 벌어진 일들이나 혹은 그 밖의 것들에 관심을 둔다면 청년 고은의 동국사 출가 이야기에 분명히 흥미를 느낄 것이다. 왜냐하면 그의 청년기를 통해서 우리시대의 현대사를 만나 볼 수 있기 때문이다.

청년 고은태(고은 시인의 본명)는 과연 무슨 사연으로 불가에 입문하기를 결심했을까? 1933년 고은태는 군산 미면 미룡리라는 작은 시골 마을에서 태어났다. 어린 시절 그는 미룡 초등학교 교실에서 일본식 교육을 받았다. 강제적인 창씨개명을 겪었고 정규 수업보다는 정신교육, 방공호 파기, 방공연습, 비행기 대체 연료로 쓰이는 전나무와 측백나무 열매 따기 작업, 일본인이 경영하는 농촌 모심기에 동원되는 등, 교육보다는 억압과 통제를 받으며 자랐다.

광복 후 중학교에 들어갔지만 이번에는 생각지도 못했던 한국전쟁이 그를 맞이했다. 잔혹한 전쟁의 역병은 그가 사는 작고 평화로운 시골 마을마저 삼켰다. 인공군에게 점령되었던 때에는 폭격으로 파손된 비행장 활주로 고치는 일에 강제 동원되기도 했고, 미면 일대에서 벌어진 잔악한 학살 사건을 겪었으며, 국군 치하에서는 학살당한 시체들을 찾는 작업을 했고, 그것을 되갚는 잔인한 보복도 지켜봤다.

> "시체들은 부패했기 때문에 무척 진한 냄새가 났다. 그 냄새는 내 몸과 내 옷에 배어서 없어지지 않았다."
>
> 고은, 「나의 산하 나의 삶〈33〉」, 경향신문, 1991.05.23.

1950년 시골의 조그마한 산골 마을에서 사상자가 100명이 넘는 학살이 벌어졌다. 이 모든 사건이 벌어진 기간은 단 2개월이었다. 그 2개월 만에 마을은 둘로 나뉘어 형제끼리, 이웃끼리 서로 때리고 죽였다. 한여름의 백일몽 아니라 끔찍한 악몽 그 자체였다. 그의 인생에 있어서 이 비극적인 사건이 없었다면 어떻게 달라졌을까.

그해 여름은 어린 청년 고은에게서 반 친구들과 친척들을 앗아가 버렸다. 그를 있게 한 사랑의 고향은 피의 고향으로 바뀌었다. 얼룩진 피는 그의 일부분이 되어 지워 버릴 수 없었다. 그는 그렇게 고향을 미워하기 시작했다. 비극을 겪고 난 뒤 그는 줄곧 동네 뒷산에 올라가 온종일 넋을 놓고 가만히 있곤 했다. 정신착란 상태였다. 마을 사람들은 그가 미쳤다고 수군거렸다. 전쟁은 그의 청춘을 앗아갔고, 그를 냉전 시대의 희생물로 만들었다.

"전쟁은 얼마나 많은 전쟁고아를 만들었나. 그때의 비극은 나를 어느 곳으로부터도 행복을 누릴 수 없는 고아로 만들어 버렸다. 다 자라기는 했지만 난 고아나 다름없었다."

고은, 「나의 산하 나의 삶〈36〉」, 경향신문, 1991.06.13.

그는 당시 나이로는 감당할 수 없는 처절한 현실을 만났던 것이다. 마을 어른들이라고 무사했을까 싶다. 전쟁은 모두에게 정신병을 남겼을 뿐이다. 이념으로 인한 갈등은 생각하고 싶지도 않은, 경기를 일으키는 노이로제일 뿐이다.

청년 고은은 그렇게 인생의 방황을 계속하게 된다. 시에 빠지기도 하고, 영화 극장 변사도 해 보고, 엿장수도 했다. 어떻게 해서든 고향에서 벗어나고 싶은 몸부림이었다. 한번은 미항만 사령부에서 석탄 하역 작업을 하던 중에 부두와 선체 사이의 틈에 그대로 빠져들어가 자살을 시도했다.

"동네의 또래들과 친구들은 좌와 우 어느 쪽이든 거의 다 죽었다. 나도 꼭 죽어야 할 존재가 아닌가. 전쟁의 아수라장에서 살아남은 잉여인간으로 느끼는 괴로움과 치욕이랄까. 그래, 나도 석탄처럼 저 죽음의 아가리로 쏟아져 버리자! 어차피 나는 죽어야 할 존재가 아닌가! 내가 살고 있다는 것이 얼마나 철면피인가! 내가 할 일이란 이제 이것밖에 없다. 자살!'

고은, 「나의 산하 나의 삶〈46〉」, 경향신문, 1991.08.22.

다행이랄까, 그의 수상쩍은 행동을 감지한 일본 선원이 그를 구해 주었다. 허무하게 죽는 것보다 이승에서 그가 이뤄야 할 일들이 많이 남아 있었나 보다. '큰일'을 겪고 난 뒤 그는 특채로 군산 북중학교 국어와 미술 교사가 된다. 당시 그의 나이 열아홉 살이었다. 어렸을 때부터 똑똑하고 유독 미술과 시를 좋아했던 그였다. 아니, 그래도 무슨 그 나이에 그것도 겨우 중학교 중퇴생이 교사가 되느냐 싶겠지만 당시에는 그랬단다. 전쟁 직후의 사회에는 체계가 있을 수 없었다. 그렇게 정착하며 잘 지내는가 싶었으나 그는 돌연 머리를 깎고 승이 되었다.

마음의 공복감 때문에 늘 불안했던 그는 동국사에 훌륭한 대사가 있다기에 찾아갔고 여기에서 혜초 스님을 만나 그의 설법에 반했다. 혜초 스님과의 첫 대담 후 돌아갈 즈음에 스님이 마당에서 던진 한마디는 그를 전율시켰다고 한다.

"칼날 위에 말을 달리게 하고 화염 속에 몸을 숨겨라! 혜초 스님은 이 한마디를 혼잣말처럼 던졌다. 나는 공중에 던져진 그 말을 받았다. 무슨 말인지 모르지만 그것은 내 몸을 진저리 치게 했다. 감전이었다."

고은, 「나의 산하 나의 삶⟨50⟩」, 경향신문, 1991.09.19.

혜초 스님의 법명은 혜초이고 당호(堂號)는 중관(中觀)이다. 그는 영국 옥스퍼드대학교 밸리얼 컬리지(Balliol College at University of

Oxford) 출신으로 세간에는 잘 알려지지 않았으나, 을사오적 박제순의 서자로서, 그래서 당시에 영국으로 유학을 갈 수 있었다는 설이 있다. 그는 「중관적변증법서설」이라는 유명한 강의서를 저술했다. 전북대에서도 강의를 했고, 그에 대한 소문은 전북 일대와 강 건너 충남 서천, 보령, 부여 일대까지 알려져 대학교수와 지식인들까지 동국사로 찾아왔다고 한다. 고은은 이렇게 바쁜 혜초 스님의 시봉을 겸해서 교재와 설법 원고를 정리하는 역할을 도맡았다.

한번은 이런 일도 있었다고 한다. 그는 소리를 듣지 못하는 귀머거리가 되어 진리의 소리를 듣고 싶었다. 진정 부처가 되고 싶었던 것일까. 이를테면 내가 내는 소리도 많거니와 내가 듣는 소리가 너무 많다는 것이다. 그렇게 그는 세상의 소리와 이별하고자 했다. "일체의 소리로부터 떠나자!" 그는 양쪽 귀에 청산가리를 붓고 쓰러졌다. 이 사건 뒤 그의 왼쪽 귀는 더 이상 들리지 않았다. 자학에 가까운 반성을 이곳 동국사의 작은 방에서 실행했던 것이다.

상처밖에 남지 않은 고은은 동국사에서 정신적 치료를 받고 자아를 성찰했다. 그는 '왜 살아 있는 모든 것은 죽어야 하는가? 왜 살아야 하는가? 왜 인류는 전쟁을 반복하는가?'라는 질문을 가슴에 품고 이곳에 왔다고 한다. 고은은 동국사에서 2년간 머무르다 혜초 스님을 따라 참선과 방랑 생활을 하며 홀연히 구걸 행각의 길로 떠났다.

하드웨어는 일본식, 소프트웨어는 한국식 사찰

이번에는 본당으로 걸어갔다. 입구에 들어서자마자 긴 복도가 나타났고 통로에는 미닫이문이 다닥다닥 달려 있어 전형적인 일본식 가옥 구조의 모습을 띠었다. 복도를 통해서 대웅전과 요사가 연결되어 있다. 각각이 구별되어 있는 한국 사찰과는 사뭇 다른 느낌이다.

이렇게 연결되어 있는 구조는 일본 불교의 전통적인 대처승(帶妻僧) 절의 특징이다. 대처란 스님에게 결혼을 허락하는 제도인데, 일제 강점기에 조선에 도입됨으로써 이 땅에도 대처승이 흔해졌고 소실까지 갖춘 대사도 있었다. 당시 한국 불교계에 결혼한 대처승이 결혼하지 않은 비구승보다 더 많았다고 한다. 그렇다고 오해하지 않길 바란다. 여기에서는 어떠한 부정을 표현하기 위해서 대처승을 언급한 것이 아니다. 먼저 대웅전으로 들어가 부처님께 공손히 인사를 드리고 차근차근 내부를 살펴보았다. 멀리서 온 손님을 반갑게 맞이하는 듯했다. 전반적인 느낌은 한국 사찰과 크게 다르지 않다. 천장을 보고 싶었으나 내부에 설치된 연등에 가려져 아쉽게도 볼 수 없다. 천장과 미닫이문 사이에 나무로 만들어진 통풍 겸 채광용 교창(交窓)*인 란마(欄間)*가 그대로 보존되어 있다. 보통은 격자(格子)*나 투조(透彫)*

＊ 교창 창문 위쪽에 가로로 길게 짜서 붙박이로 설치하는 채광창
＊ 란마 방과 방의 경계 윗부분에 통풍·채광을 목적으로 설치한 교창
＊ 격자 바둑판처럼 가로세로를 일정한 간격으로 직각이 되게 짠 구조
＊ 투조 조각에서 재료의 면을 도려내어 도안을 나타냄.

▶ 대웅전 입구. 일본식 미닫이문 틈 사이로 한국식 본존불상이 살며시 보인다.

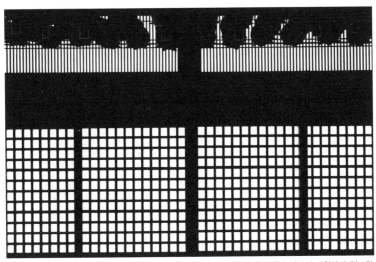

▶ 대웅전 안에서 바라본 입구 정면의 모습. 촘촘히 짜인 직선 분할의 구조에서 일본식 사찰만의 정교함과 치밀함을 살펴볼 수 있다.

▶동국사 본존불상. 소조 석가여래 삼존상 및 복장 유물은 국가 보물 제1718호이다. 석가모니 불상 머리 위에 장식된 금속 천개(天蓋)
는 일제의 금강사 시절의 유물이다.

장식이 설치되어 있는데 동국사의 란마 역시 장식이 화려하다. 탱화*
처럼 면면히 이야기를 담고 있다고 하는데, 그 상징을 읽을 방법이
없어 아쉬웠다.

　건물의 기본 원형은 그대로 보존되어 있다고 하나, 창건 초기 본당
의 다다미 바닥은 모두 마루로 변했다. 요사의 방들 역시 다다미로
되어 있었으나 온돌로 바꾸고 아궁이를 설치했다. 복도로 연결되어
건물 안에 있었던 부엌 위쪽의 화장실과 욕실은 방으로 바뀌었다.

　건물의 내부 구성만이 바뀐 게 아니다. 해방 이후 일본 사람들이
모시던 불상에는 절을 할 수 없다 하여 김제 금산사에서 삼존불
(1650)을 모셔왔고, 불상이며 탱화들 모두 새로 봉안되었다. 하나하
나 성보(聖寶)*들을 꼼꼼히 살펴보았다. 본존불상과 협시보살이 보인
다. 본존불은 소조 석가모니 불좌상을 중심으로, 양 옆에 큰 제자인
좌보처 소조 가섭존자 입상과 우보처 소조 아란존자 입상을 모셨다.
또한 지장보살 좌상이 한 켠에 모셔져 있고 탱화로는 후불, 칠성, 신
중, 독성, 산신, 지장이 있다.

　일본 사람들이 채 가져가지 못하고 남겨져 있는 유물들도 있다. 작
은 북, 경상(經床)*, 그리고 천개(天蓋)*가 그것이다. 특히 천개는 석가

---

* 탱화 부처, 보살, 성현들을 그려서 벽에 거는 그림
* 성보 사찰의 보물을 뜻함.
* 경상 경을 올려놓는 책상
* 천개 불상, 제단, 성물(聖物) 등의 윗부분을 덮는 장식물. 부처의 머리를 덮어서 비, 이
　슬, 먼지 따위를 막음.

모니 불상 머리 위 천장에 달아 놓았다. 본래 비나 먼지 같은 것을 막는 뜻으로 만들어진 것인데, 천으로 만들어서 사용하던 것이 후세에는 금속으로 변했다.

복잡하게 성보를 캐는 일은 잠시 덮기로 하자. 여기에서는 다만, 동국사가 겉모습은 일본식이지만 불상과 정신은 한국을 품고 있는 특별함에 대해서 주목하면 된다. 특히 이 삼존불상은 임진왜란 때 승병장이자 남한산성 축조자로 잘 알려진 벽암 각성 스님(1575~1660)을 증명 법사*로 모시고 조성한 것이다. 임진왜란의 승병장이었던 각성 스님의 혼이 이 땅에 지어진 일본 사찰을 다시 수복하러 돌아온 것이다.

동국사를 지키는 종걸 스님

삼세번 만에 동국사 주지이신 종걸 스님을 만나게 되었다. 본당 복도로 들어가서 쭈뼛하며 기웃거리고 있는데 마침 스님께서 방에서 나오셨다. 그는 회색 승복 바지에 편한 반소매 셔츠를 입고 계셨다.

"뉘신고?"

"안녕하세요, 저는 글을 쓰는 학생입니다."

"음…… (이런 사람들을 여럿 대한 경험이 있으신 표정으로) 커피 들지?"

"네?! 커피요?"

＊증명 법사 의식이 원만히 성취되었음을 증명하는 승려

▶ 대표적인 신도인 미야자키 가타로의 장례식
1936년 2월 5일. 일본에서 그는 군산 쌀의 아버지로 기록되었다.

스님은 요사채의 부엌에 있는 소형 커피 자판기에서 커피를 뽑아주셨다. 조그마한 부엌에 자판기까지 있다니 놀라웠다. '스님이라면 시원한 산들바람이 들어오는 선방에 불러 앉혀 차를 건네는 모습을 기대했는데⋯⋯.' 종걸 스님과의 만남은 첫 대면부터 당황스러웠지만 재미있었다. 평소 스님에 대해서 어렵게만 생각했었던 선입견은 따뜻한 커피 한잔에 녹아 버렸다.

2005년 가을, 종걸 스님은 동국사에 오셨다. 당시에는 한 달에 몇 명 정도나 이곳에 방문할 정도로 인적이 드물었다고 한다. 그런데 근래 몇 년 사이에 눈에 띄게 관광객이 많이 늘어난 것이다. 고무적인 것은 20대 청년들이 많이 찾아온다는 것인데, 그 까닭을 스님께 여쭤 보았다. 처음에는 그도 한국 젊은이들이 역사의식이 생겨 찾아오는가 싶어서 붙잡고 여행 온 동기를 물어봤다고 한다. 대답을 들어보니 주로 먹거리 여행을 하다가 잠시 들린 것이었다고 한다. 군산에는 '이성당 빵집', 삼대 짬뽕으로 유명한 '복성루', '중동 호떡' 등 소문난 맛집들이 많지 않던가. 더욱이 인터넷과 블로그 발달은 전국 맛집 탐방에 불을 지폈다.

그래서 관광객들은 먹거리로 배를 채우고 소화를 시키러 잠시 동국사에 들른다. "어라?! 일본식 사찰 별거 없네. 검고 흰 것밖에 안 보이네."라며 십 분 정도 서둘러 둘러보고 기념사진을 찍고 발걸음을 옮긴다. 조금 더 통찰력 있는 사람들은 "에이, 별거 없네. 한국 사찰이 더 멋있잖아."라며 나름대로의 한국과 일본 사찰을 비교하며 품평을 내리고는 발길을 재촉한다. 아마 다른 관광지인 히로쓰 가옥을 보러 가거나 또 무언가를 먹으러 갈 것이다. 스님은 많은 이들이 사찰을 그냥 스쳐 지나가는 것이 안타깝다고 한다. 이곳에 담겨 있는 이야기가 너무 많아서 들려주고 싶은데 많은 사람들이 그저 일본식 사찰이라는 것만 보고 가서 아쉽다고 했다.

종걸 스님의 이야기를 들어보니, 동국사는 한일 합방이 이루어지기 1년 전인 1909년에 금강사라는 이름의 작은 포교소로 시작했다. 1913년에 현재의 자리로 옮긴 뒤 1915년에는 사찰령에 의거하여 사원 창립을 조선총독부로부터 승인받고 포교소에서 사원으로 승격되었다. 이것은 대지 면적과 신도 수, 창립 비용, 유지 비용 등 기본적인 요건이 갖춰져야 가능했던 일이었다. 당시에 사(寺)를 붙일 수 있는 곳은 서울에 12개, 군산의 7개였다. 군산의 쌀에 주목한 일본인들이 줄지어 모여들었고, 일본이 러일전쟁(1904~1905)에서 승리하자 권익이 확대될 것을 예상한 사람들도 앞다투어 진출했다.

금강사로 사원 창립을 할 때 30명의 일본인 창립자들이 기부를 했고, 1932년에 증축을 할 때에도 신도들의 기부가 뒷받침되었다. 기록에 따르면 신도 기부자들은 월 평균 30원을, 특정 행사가 있는 경우에는 월 40원 정도를 기부했다. 당시 고급 관리의 한 달 월급이 30~40원, 은행원 월급이 40원, 조선인 최고 인기인 변사가 70~80원, 영화관 입장료가 30전이니 정말 든든한 지원을 받았던 셈이다. 당시 금강사에 등록된 신도들 중에는 대표적으로 대농장 지주였던 미야자키 가타로[宮崎佳太郎]와 오사와 도지로[大澤藤十郎], 시모다 기치타로[下田吉太郎], 그리고 구마모토 리헤이[熊本利平] 등이 있었다.

또한 3대 주지였던 아사노 데쓰젠[淺野哲禪]은 당시 조동종의 '엘리트'였다. 조동종에서 그를 금강사에 파견한 것을 보면 군산을 대륙의 병참기지로서 중요하게 여겼을 뿐만 아니라 금강사의 사격(寺格)＊

＊ 사격 절의 자격이나 등급

도 짐작할 수 있다. 지금 우리가 생각하는 것 이상으로 금강사는 당시 일본 불교에서 중요한 위치를 차지했던 것이다.

금강사는 일제강점기 36년 동안 일본인 승려들에 의해서 운영되다가 해방 이후 미군정의 재산이 되었다. 한국전쟁 때는 인민군이 잠시 점령해서 거처하기도 했고, 국군이 수복한 후에는 다시 진지로 이용되었다. 그 이후 1955년에 비로소 전북 불교 종무원장이었던 남곡 스님이 금강사를 인수하여 동국사로 개명하여 오늘에 이르렀다.

특히 절의 이름은 '해동 대한민국'의 줄임말로 동국사라고 부르게 되었다. 해동성국(海東盛國)은 중국에서 발해를 이르던 말이다. 우리 민족사에서 문명과 문화가 크게 번성했을 때를 일컬어 이 표현을 빌려 사용해 왔으니, 동국사는 일본 사찰로 창건됐지만 앞으로는 '우리'의 절로 번성하게 될 것이라는 의미를 담고 있는 것 같다. 이렇듯 동국사는 대한민국의 근현대사가 고스란히 담겨져 있는 공간이다.

이외에도 종걸 스님은 일제강점기 당시 군산에 만들어진 조계지, 은행, 금융 조합원, 불이흥업주식회사(不二興業)*, 병원, 비행장과 비행기 이름, 철도 개통, 목탄 버스 노선, 광주 형무소 군산 감옥, 보국탑, 신사, 초등학교, 마라톤 대회, 운동회, 경마장, 마약중독, 유곽 등 많은 이야기를 줄줄이 꿰고 계셨다.

---

* 불이흥업주식회사 조선의 경제를 독점한 동양척식주식회사와 함께 한국 농민 수탈의 선봉이 된 일제의 식민 농업회사

▶ 일본식 기와지붕과 그 뒤로 펼쳐진 대나무 숲이 한 데 어우러져 이색적인 풍경을 자아내고 있다.

그가 소장한 관련 유물만 해도 3천여 점이 된다. 더욱이 군산 히로쓰 가옥의 주인이었던 히로쓰의 손자가 일본에 아직 생존해 있다는 정보를 입수했다며 다음 달에 만나러 간다고 하신다. 웬만한 학자들보다 더 깊이 연구에 임하시는 스님을 보니 공부 좀 한답시고 글을 쓰러 온 내 자신이 부끄러웠다.

"스님께서 동국사 글을 직접 써주시든가 해야지 번데기 앞에서 제가 주름잡는 것도 아니고……"라고 하니, 스님은 그저 껄껄 웃으시기만 했다.

군산에도 일곱 개의 절이 세워졌는데 군산 월명 공원 아래에 있는 안국사(현 흥천사)와 금강사(현 동국사) 이렇게 두 곳만이 현존하고 있다. 안국사의 경우에도 해방과 한국전쟁 이후 폐허 상태에 있던 것을 전면 개수한 것이다. 그렇다면 어떻게 동국사는 남겨질 수 있었던 것일까? 동국사 역시 한국인들에게 곱지 않은 시선으로 핍박과 멸시를 받았던 때가 있어서 쉽게 자리를 보존할 수 있었던 것만은 아니었다. 실제로 군산 시청은 조선총독부 건물로 쓰였던 옛 중앙청 건물이 헐린 1995년 무렵에 동국사 철거를 시도했다.

동국사는 여러 번의 위기 속에도 살아남았다. 그것이 그때그때마다 스님들의 노력인지, 지역 주민들의 만류에서인지, 찾아오는 이들의 관심에서인지, 아니면 철거하고 다시 새로 짓기에는 시의 예산이 부족해서였는지는 정확히 알 수 없다. 흥미로운 것은 동국사는 일제 치하의 시기나 한국전쟁 때보다, 오히려 1995년도 철거 운동이 일

▶ 동국사 본당 입구. 긴 복도가 대웅전과 요사를 연결하는 구조이다.

어났을 때가 가장 큰 고비였다는 점이다.

어찌 됐든 각고의 노력 끝에 동국사 대웅전은 2003년 등록 문화재 제64호로 지정되었다. 근대 문화유산에 대한 인식의 전환과 재조명으로 인한 결과이다. 이렇게 동국사는 현재의 모습을 지켜 나가고 있다. 수많은 소멸의 위험에도 불구하고 우리는 동국사를 남겨 두었고, 그 결과 한국과 일본 양국 간 화해의 기념비적인 상징이 될 준비를 갖출 수 있게 되었다.

종걸 스님과 이야기를 나누고 나오면서 다시 사찰을 되돌아봤다. 막연히 일본식 사찰이라는 것만 알았을 때와, 이곳에 담겨 있는 과거와 현재의 이야기들을 듣고 난 후의 느낌은 확실히 달랐다. 뭐랄까, 동국사와 좀 더 가까워졌다는 느낌! 그 누가 동국사는 일제강점기 지배의 위엄을 보여주려고 팔작지붕으로 지었다고 했던가. 한때의 거드름은 온데간데없고 이제는 스산스러운 분위기와 더불어 대웅전은 마치 그리움에 지친 듯 나를 맞이하는 것만 같이 보였다. 동국사를 떠나기 전 스님께서 해주셨던 이야기가 귓가에 맴돌았다.

"내 마음의 정화, 정신적인 안식처, 민족 역사의 아픈 부분들을 동국사에 와서 풀 수 있지. 과거를 돌아보고 앞으로 어떻게 나아가야 할까 다짐도 하고. 역사의 흔적을 체험하는 것, 그게 바로 힐링이야."

조금은 특별한 적산 가옥

동상이몽, 이영춘과 구마모토

군산은 적산 가옥이 많다. 적산(敵産)은 말 그대로 '자기 나라의
영토 안에 있는 적국의 재산'을 뜻하는데, 우리나라에서 적산 가옥
은 해방 후 일본인들이 물러간 뒤 남겨 놓은 집을 의미한다. 그곳에
는 아직도 많은 한국인이 살고 있다. 우리는 이곳을 고치고 바꾸어
쓰기도 했고, 일부를 허물고 새 건물을 짓기도 했다. 또 복원하여 관
광지로 만든 곳도 있다.

적산 가옥 중 대중에게 공개되어 있는 곳은 두 군데이다. 이 중 하
나는 영화 촬영지로 잘 알려진 히로쓰 가옥이고, 다른 하나는 개정
(開井)의 이영춘 가옥이다. 히로쓰 가옥은 입구에서부터 일본 냄새
가 난다. 밖에서 보이는 담장에서부터 집의 구조와 정원까지 전형적
인 일본 집이라는 것을 단번에 알 수 있다.

▶ 군산에 있는 적산 가옥 중 유일하게 한국인의 이름으로 불리고 있는 이영춘 가옥. 일본식 가옥의 느낌보다는 오래된 별장의 느낌이다.

하지만 이영춘 가옥은 아니다. 똑같은 적산 가옥이지만 이 집에서는 일본 특유의 전통문화라든지 생활 방식이 거의 느껴지지 않는다. 한 가지 의아한 점도 있다. 적산 가옥이라면 으레 일본인 혹은 일본 회사의 이름을 따르기 마련인데, 이영춘 가옥만은 한국인의 이름으로 불리고 있다. 일본인이 남기고 떠난 집을 왜 한국인의 집으로 부르고 있는 것일까?

화려한 적산 가옥

이영춘 가옥은 시가지와 먼 곳에 자리하고 있다. 어지간한 일제의 볼거리들이 도심에 몰려 있는 것에 비해 이곳만은 개정이라는 동떨어진 곳에 있다. 내비게이션에서 이영춘 가옥을 찍으면 '군산간호대학'이란 엉뚱한 곳으로 안내해 준다. '이런 곳에 정말 집이 있긴 있나?' 하는 생각까지 들게 한다. 한참을 논길만 따라가다 보면 의구심은 더욱 깊어진다. 군산간호대학 진입로를 거쳐 안쪽으로 한참 들어와서야 비로소 '이영춘 가옥'이라는 간판이 눈에 들어온다.

집으로 향하는 계단을 따라 올라가면 울창한 나무숲이 보인다. 꽤 나이가 들어 보이는 굵직한 고목나무들이 집 주변을 감싸 안고 있는데, 아기자기한 적산 가옥의 정원과는 또 다른 느낌이다. 1970~80년대 시대극에 나올 법한 부잣집 별장을 연상케 한다. 가장 눈에 띄는 것은 창문이다. 이영춘 가옥은 많은 수의 창문을 가지고 있다. 하얀색 창틀에 네모반듯한 모양을 한 창문들이 벽면을 가득 메우고 있

▶ 이영춘 가옥의 특이한 지붕의 모습. 군산 시내에서 볼 수 있는 일제식 가옥의 건축양식과는 다른 모습을 보여주고 있다.

다. 창문 밑으로는 통나무를 반으로 쪼개어 외벽을 덧대었는데, 이 목재 구조로 인해 집 전체에서 중후한 무게감이 느껴진다.

집의 뒤쪽으로 돌아가면 긴 창문을 중심으로 돌로 쌓은 듯한 모습의 두 개의 굴뚝이 눈에 띈다. 커다란 조약돌을 모자이크해 놓은 모양이다. 지붕의 모습도 여느 집과는 사뭇 다르다. 큰 지붕을 중심으로 작은 지붕들을 합쳐 놓은 것 같다. 지붕의 표면은 기와나 나무가 아닌 널찍한 돌들로 마무리했는데 보는 이로 하여금 위압적인 느낌마저 들게 한다.

이영춘 가옥은 특이한 모습만큼 사연도 많은 집이다. 지금은 이영춘 박사의 업적을 기리는 '이영춘 기념관'으로 알려져 있지만, 이 집은 본래 구마모토 리헤이[態本利平]라는 일본인의 별장으로 쓰였던 곳이다. 구마모토는 일제강점기 시절 군산에서 농장을 경영했던 대지주였다. 평소에는 일본에서 활동하다가 농장 관리를 위해 한 해 두세 번 정도 조선에 머물렀다고 하는데, 그때를 위해 만든 것이 오늘날 이영춘 가옥으로 불리는 '구마모토 별장'이다.

별장 주변이 다 그의 농장이었다고 보면 된다. 그의 이름을 따서 '웅본 농장'이라 불렸는데 단순 농장이라기보다는 잘나가는 사업체에 가까웠다. 농장의 규모는 총 3천 5백 정보(약 1천여만 평)로 이는 여의도의 10배가 넘는 크기였다. 농장에 소속된 소작농만 해도 3천 세대, 2만여 명에 달했는데, 이는 전북에서 두 번째로 큰 규모였으며 개인 소유주로서는 가장 컸다고 하니 지금으로 따지면 지역의 중

▶ 구마모토가 만든 벽난로가 그대로 남아 있다. 벽난로 안에는 이영춘이 사용했던 불쏘시개를 비롯한 여러 물건들이 그대로 있다.

견 기업 이상의 규모이다.

이렇게 어마어마한 부를 누렸던 구마모토도 조선 광복이 이루어지면서 모든 것을 두고 일본으로 떠나야만 했다. 그리고 그가 남긴 이 집은 이영춘의 집으로 거듭났다. 이영춘이라는 당대의 의사(醫師)가 이곳에 머물지 않았다면 이 집도 어쩌면 다른 적산 가옥처럼 일본식 이름의 집으로 불렸을지도 모른다.

뒤엉킨 이영춘과 구마모토

커다란 나무들을 지나 집 안으로 향하자 작은 책상에 앉아 있던 해설자 한 분이 몸을 일으켜 반겨 주었다. 책상 한쪽에 마련된 방명록에 이름을 적으려고 보니 생각보다 많은 이들이 다녀간 흔적이 보였다. 펜을 내려놓자 해설자 분은 "이영춘 가옥에 처음 왔어요?"라고 말을 건넸다. 얼른 고개를 끄덕이자 해설자 분께서 안내해 주셨다.

처음 간 곳은 응접실이었다. 서양 저택의 느낌이 나는 넓은 공간으로 이영춘이 사용했던 물품들이 전시되어 있다. 진열대 옆으로 벽난로가 보이는데, 그 안에는 오래된 바구니 통에 불쏘시개로 보이는 긴 꼬챙이들이 담겨 있다. 신기하고 반가운 마음에 해설자 분께 이것저것 물었다.

"이 안에 들어 있는 것들은 이영춘 선생이 생전에 사용하던 것들인가요?"

"물론이죠! 여기 있는 대부분은 박사님께서 생전에 사용했던 것들

▶ 응접실 한쪽 창에 꾸며져 있는 스테인드글라스. 구마모토는 군산에서의 성공을 꿈꾸며 스테인드글라스에 개정의 황금빛 들녘을 그려 놓았다. 구마모토가 떠난 개정에는 여전히 황금빛 들녘이 남아 있다.

이에요."

"그럼 집을 만든 것도 선생인가요?"

"아니요, 원래는 구마모토라는 일본인이 지은 집이에요. 그 사람이 만든 거죠. 창문에 이거 보여요?"

마치 오색 종이로 모자이크 한 것 같은 아치형의 스테인드글라스가 보였다. 유럽의 기독교 문화에서 비롯된 양식으로, 당시에는 최신식 문물을 수입한 것이나 다름없었다. 이것 역시 구마모토가 직접 들여온 것이다. 부, 명예, 문화의 과시욕이 느껴진다. 그의 야심작이라는 것을 단번에 알 수 있다.

"그 시절에 스테인드글라스는 일반 주택에서 보기 굉장히 힘든 것인데 구마모토가 이 집을 지을 때 특별히 돈을 많이 들여 만들었어요. 아래를 보면 바닥의 나무도 티크목으로 되어 있죠. 이것들도 다 외국에서 수입해서 만든 거예요."

벽에 덧대어진 나무는 백두산 낙엽송을 공수하여 절반으로 잘라 만들었다고 한다. 집 안의 목재 하나도, 장신구 하나 마저도 '아무것이나' 쓴 것이 없다. 서양식 인테리어에 가구, 소품, 예술품 할 것 없이 모두 호화롭다. 1920년경, 구마모토가 이 집을 지었을 때 들인 비용이 실로 엄청났는데, 옛 조선총독부 관저의 건설 비용과 맞먹는 수준이었다. 한 고장의 지주가 살았던 집이라고 보기 어려울 정도의 엄청난 규모이다.

복도를 지나 다른 방에 들어서니 전시실이 있다. 한쪽에는 이영춘

▶ 이영춘이 사용했던 방의 모습. 구마모토가 사용할 당시에는 커다란 다다미방이었다. 지금은 박사가 생전에 사용했던 물품을 전시하고 있다.

▶ 전시 패널에 가옥의 건축적 특징과 이영춘의 업적이 상세히 기록되어 있다.

선생이 사용했던 양복과 여러 물품들이 전시되어 있다. 맞은편에는 도코노마[床の間]*로 추정되는 공간이 보인다. 선생이 살아 있을 때에는 옷가지나 이불을 보관하는 수납공간으로 사용했다고 한다. 구마모토가 거주하던 당시에는 10첩의 다다미방이었다고 하는데, 그가 떠난 후 이곳은 선생의 온돌방이 되었다.

이영춘 가옥을 대중에게 공개하기로 결정했을 때, 구마모토의 흔적도 함께 보여주자는 취지에서 이 공간을 다시 다다미방으로 복원하자는 의견이 있었다고 한다. 하지만 '구마모토의 별장'이 아닌, '이영춘 가옥'으로 보존하자는 의견이 많아 이영춘의 삶과 업적을 강조하여 보여주는 것으로 결정되었다.

그러나 지금의 모습대로라면 그저 '이영춘의 집'으로만 부를 수는 없을 것 같다. 남아 있는 물건들과 전시 내용만 보면 이영춘의 집이지만 집 자체만을 보자면 구마모토의 집이나 다름없기 때문이다. 내가 지금 돌아보고 있는 이 집이 이영춘 가옥인지 구마모토 별장인지 점점 헷갈리기 시작했다.

이영춘 가옥이 말하지 않는 것
이영춘은 1903년 평안남도 용강에서 태어났다. 평양 고등 보통

---

* 도코노마 일본의 건축에서 방의 어떤 공간에 인형이나 꽃꽂이로 장식하고 붓글씨를 걸어 놓는 곳을 말한다.

학교와 세브란스 의학 전문학교를 거쳤고, 1935년 일본 교토제국 대학에서 한국인 최초로 의학박사 학위를 받았다. 그리고 같은 해, 전북 군산 자혜 진료소에 부임한 이후 평생을 의사의 길을 걸었다.

패널에 적힌 이영춘의 어록을 보면 '질병을 치료하는 것보다 그 것을 예방하는 것이 최선책이다.'라고 적혀 있다. 그는 일제강점기 시절부터 농촌의 근본적인 보건과 위생 문제를 해결하기 위해 노력 했다. 특히 기생충, 결핵, 성병 이 세 가지 질병을 민족 독이라 지칭 하고, '질병과의 전쟁'을 선포해 전반적인 농촌 위생을 해결하기 위 해 애썼다. 병원 수를 늘리는데 집착하지 않고 '농촌위생연구소'를 건립하는 데 총력을 기울인 것도 그 이유에서였다.

'민족 독'의 주된 원인은 농촌의 비위생적인 환경 때문이었는데, 오늘날의 상황과 비교하면 충격적이다. 하수처리 시설이 거의 마련 되어 있지 않아 썩은 물이 그대로 개울로 흘러들었고, 그 물은 다시 식수로 사용되었다. 아이들은 그 개울에서 물놀이를 했고, 어머니들 은 빨래를 했다. 오염수로 인해 생기는 병에 대한 인식이 거의 무지 해 그대로 방치되기 일쑤였고, 비위생적인 민간요법과 비과학적인 미신이 더해지면서 상황은 더욱 악화되었다.

이 병들은 전염이 된다는 점에서 더욱 문제였는데 방 안에서 기 침만 해도 가족 모두가 결핵에 걸리고, 성병에 걸린 지도 모른 채 성 관계를 가져 또 다른 성병의 감염으로 이어졌다. 또한 함께 먹는 음 식물을 통해 기생충에 감염되었다. 이 세 가지 질병은 해방 이후까지 한국인들을 괴롭혔을 정도로 큰 골칫거리였다.

이영춘 박사는 기생충 감염을 막기 위해 시멘트를 얻어 이것으로 큰 통을 만들고 그 통을 각 집에 3개씩 분배했다. 분배된 통에는 밭이나 논에서 사용할 거름을 담아두고 반드시 석 달 이상 묵혀서 사용하도록 했다. 거름에 기생충 알이 남지 않을 정도로 썩혀 재배된 작물을 통해 사람의 몸속으로 그것이 침투해 들어가는 것을 막기 위해서였다. 아무도 생각하지 않았고, 풀려하지 않았던 문제를 그가 수년간의 연구를 거쳐 해결해 나갔다.

이영춘 박사는 광복 후에도 '대한기생충학회장', '대한기생충박멸협회장' 등을 역임하며 군산뿐만 아니라 전국적으로 기생충으로 고생하는 이가 없도록 노력했다. 1970~80년대에 학교를 다닌 사람이라면 채변 검사를 위한 채변 봉투를 기억할 것이다. 그 봉투엔 검사를 시행하는 기관이 크게 적혀 있었다. 바로 '대한기생충박멸협회'이다. 집에서 연례행사로 구충약을 먹었던 것도 이 협회의 노력이 뒷받침되었기 때문에 가능했던 일이다.

농촌 위생을 위해 한평생을 다 바친 그의 노력이 이 집에 역력히 남아 있다. 이 정도라면 국가 훈장 수여는 물론이고 국립묘지에 안치되고도 남을 대단한 인물이다. 실제로 그는 생전에 정부로부터 문화훈장을 받았고, 1980년 11월 서거 후에는 국민훈장 무궁화장을 수여 받았다. 다만 그의 뜻에 따라 개정 땅에 묻혔다. 그런데 여기서 문득 떠오르는 질문 하나가 있다. 그는 국내 최초의 의학박사라는 타이틀을 거머쥐고도 왜 머나먼 전라북도 군산의 작은 마을 개정으로까지 내려왔을까?

이 질문에 대해 이영춘 가옥은 대답하지 않는다. 그리고 이영춘과 구마모토의 관계에 대해서도 침묵하고 있다. 다만, 전시 패널 마지막 코너에 구마모토에 대한 짤막한 소개 글 하나만 남겼을 뿐이다.

> "미야자키가 군산 최초의 농장주였다면 군산 최고의 농장주는 구
> 마모토 농장의 주인인 구마모토 리헤이였다."

구마모토는 군산 최고의 농장주였다. 그의 이야기는 마치 더 이상 알아서는 안 되는 비밀인 것처럼 여기서 끝이 나 버렸다. 구마모토란 자는 누구인가? 그리고 이영춘은 그와 어떤 인연을 맺었던 것일까?

감춰진 자, 구마모토 리헤이

1895년 청·일 전쟁 이후, 조선은 사실상 일본의 식민지가 되었다. 이에 많은 일본인들이 조선으로 몰려들었고, 일본 당국에서도 여러 방면으로 젊은이들의 조선 진출을 종용했다.

게이오대학 이재과(理財科)에 재학 중이던 23살의 구마모토 역시 시대의 흐름에 발맞춰 조선을 여행 중이었다. 애초부터 어떤 뚜렷한 목표를 가지고 조선 땅에 온 것은 아니었다. 유유히 팔도를 유람하던 중, 그는 군산의 개정이라는 마을에서 발길을 멈추었다. 개정의 넓은

▶ 군산 최대 규모의 농장주이자 약탈자였던 구마모토 리헤이

농토와 만경강의 풍부한 수자원을 보고 대규모 농장의 가능성을 확인했기 때문이다. 이곳은 군산항과도 가까워 농산물 유통지로서도 최고의 입지를 가진 곳이었다.

젊은 나이의 구마모토에겐 농지를 매입할 돈이 없었다. 하지만 야심이 있었다. 그는 일본으로 건너가 군산에서 확인한 대규모 농장의 가능성을 글로 옮겨 오사카의 마이니치 신문[海日新聞]에 기고한다. 이 원고를 본 마이니치 신문의 모도야마[本山] 사장은 구마모토를 불러 농장 설립에 대한 구체적인 이야기를 듣게 되는데, 설립 계획을 모두 듣고 난 모도야마는 구마모토에게 농장 개설에 필요한 자금을 지원하기로 약속한다.

1903년, 그는 3천 엔이라는 자본금을 쥐고 다시 조선으로 넘어와 군산 개정 5백 정보(당시 토지 단위)의 논을 사들였다. 조선으로 넘어온지 7년이 된 1910년에는 1천 5백여 정보를 소유, 웅본 농장의 초석을 다지게 된다. 한일 합방 이후 구마모토의 사업 확장은 더욱 빨라져 그해 말에는 2천 5백 정보의 땅을 소유한 거대 지주로 성장하게 된다.

그는 군산을 중심으로 사업을 안정적이고 지속적으로 추진해 나갔다. 그리하여 1932년에는 대창지경 농장으로부터 토지를 매입하여, 총 3천 5백 정보에 달하는 대토지를 소유한다. 이로써 구마모토는 30년 만에 전북 최대, 최고의 농장주가 된다. 앞에서도 이야기했지만 3천 5백 정보의 땅은 여의도의 10배가 넘는 크기이다. 군산의

▶ 응접실의 샹들리에와 영국에서 사들인 풍경화. 구마모토는
응접실을 고가의 물품으로 채워 자신의 부를 과시했다.

웬만한 농지는 거의 다 구마모토의 차지였던 것이다.

그는 자신의 농장을 1본장, 3지장으로 구분해 관리했는데 금강과 만경강 사이에 있는 1천 600여 정보는 개정 본장(開正本場), 지경 지장(地境支場), 대야 지장(大野支場)으로, 동진강 하류의 1천 600여 정보는 화호 지장(禾湖支場)으로 각각 나누어 관리했다. 각 지장들과 본장은 모두 철도망과 연결되어 있었으며, 이 철도는 다시 군산항과 연결되어 언제든지 쌀을 실어 나를 수 있는 구조로 이루어졌다. 그야말로 철두철미한 경영 방식이다.

구마모토의 조선 성공기는 꽤나 훌륭해 보인다. 그러나 구마모토가 순전히 자신의 능력으로만 사업의 확장을 이룬 것은 결코 아니었다. 그것보다 더 큰 영향력을 미친 것이 있었다. 조선 진출 초기의 일본인 지주들의 토지 장악 방식, 즉 고리대금업이었다. 토지를 저당 잡은 후 기한 내에 돈을 반환하지 못하면 몰수하는 방식이었는데, 여기엔 검은 속내가 있었다. 바로 고의적 채무 불능이다.

말 그대로 고의로 채무자를 '채무 불능'의 상황으로 몰아넣는 것인데, 토지를 저당 잡고 돈을 빌려준 후 온갖 수단을 동원해 채무자가 돈을 반환할 수 없게 만드는 것이다. 돈을 갚지 못한 채무자는 울며 겨자 먹기 식으로 저당 잡힌 농지를 빼앗겼다. 이러한 농지는 제값은커녕 헐값으로 넘어가기 마련이었다.

불확실한 소유권과 배일 감정에 따른 위험에도 불구하고 대부분의 일본 지주들은 이러한 방식을 즐겨 썼다. 조선의 지가는 일본에 비해 매우 저렴할 뿐만 아니라 토지에서 나오는 수익률이 매우 높았기 때문이다. 값싼 지가로 인해 발생하는 토지 수익은 연평균 10%가 넘는 이윤율이 보장되었다. 구마모토 역시 이러한 방식으로 토지를 늘렸다.

웅본 농장의 소작료는 다른 농장보다 비싼데다가 풍흉에 관계없이 일정 기간 안에 반드시 완납해야 했다. 혹여 이를 지키지 못할 시에는 소작지까지 몰수당했다. 웅본 농장의 소작료는 생산량의 45%였다. 비료 대금, 영농자금 등의 비용을 지불하고 나면 농민에게 남는 것은 거의 없었다.

웅본 농장은 질소, 인산, 칼륨을 따로 구입하여 농장에서 직접 배합해 비료로 만들어 소작인에게 팔았다. 소작인들은 여름철에 외상으로 비료를 쓰고 추수철이 되면 비료 대금을 갚았는데, 이 비용을 낼 수 없는 소작농은 다시 구마모토에게 돈을 대출받았고 빚은 계속 늘어만 갔다. 악순환의 반복이었던 셈이다.

구마모토는 농장 운영에도 매우 철저했다. 넓은 농지와 소작농을 관리하기 위해 지금의 회사의 형태와 비슷한 전담 부서들을 만들어 관리했는데 농장의 회계 업무를 담당하는 경리부, 농사 지도와 소작인 관리를 전담하는 사업부, 그리고 소작인의 진료를 담당하는 진료부를 만들었다.

이를 관리하는 직원만도 49명이나 되었다. 사업부의 농사 지도자의 경우 단순 근로자가 아닌 전문 기술자로 구성하여 농작물의 생산

▶응접실의 조명등과 고급 미술품의 모습. 구마모토가 사들였던 고가의 물품들은 해방 후 이영춘의 소유가 되었다.

성을 높였다. 여기에 농장의 생산율을 더 높이기 위해 소작인들을 대상으로 '다수확 경진 대회'를 열기도 했는데 여기서 최다 수확자로 뽑힌 소작농에게는 농가에 필요한 고가품을 선물로 주었다. 지금으로 말하자면 '최우수 사원 선발 대회'와 비슷한 맥락이다.

본래 진료부는 다른 부서와 함께 창설된 것은 아니었다. 아주 우연한 계기를 통해 만들어졌다. 어느 날 구마모토가 농장을 돌아보던 중 소와 말을 치료하던 수의사를 만났는데, 그곳에 줄지어 있는 수많은 소작농을 보게 되었다. 그 이유를 묻자 소작농들은 병원비가 없어 진료를 받을 수 있는 형편이 되지 못해 어쩔 수 없이 수의사를 찾아왔다는 고충을 털어놓았다.

상황을 지켜본 구마모토는 1935년 진료부 창설과 함께 농장의 진료소인 '자혜 진료소'를 만들게 된다. 이와 더불어 진료소 의사를 한 명 고용한다. 그가 이영춘 박사다.

동상이몽, 이영춘과 구마모토

진료소를 만든 구마모토는 곧바로 경성으로 연락을 취해 의사를 구했다. 고용한 의사는 일본인이 아닌 조선인이었다. 왜 구마모토는 조선인 의사가 필요했을까? 당시에는 조선인 의사가 몇 명 되지도 않았는데도 말이다. 차라리 군산에서 일본인 의사를 구하는 것이 훨씬 빠르고 편했을 것이다. 그럼에도 불구하고 굳이 먼 경성까지 연락을 취해 조선인 의사를 수소문한 것은 그만의 특별한 목적이 있었기 때문이다.

당시 군산은 소작쟁의가 많이 발생했다. 소작쟁의는 소작 농민이 소작 조건 개선을 위하여 지주를 상대로 항쟁한 농민운동이다. 농장 규모가 크고 소작 조건이 열악한 농장일수록 농민쟁의는 더욱 심했다. 농민쟁의 운동이 군산뿐만 아니라 전라도 전 지역으로 확산될 조짐을 보이자, 일제는 하나의 무마책을 제시한다. 바로 의료 기관의 설치였다. 이 중 대표적인 것이 군산의 '자혜 의원'이다.

자혜 의원의 모든 의료진은 자국에서 손꼽히는 실력 있는 일본인 의사들로 선발했다. '일본 특급 의료진'으로 구성된 의료 기관을 설립해야 할 정도로 군산 농민들의 불만이 극에 달했음을 알 수 있다. 1941년 조선총독부 후생국 위생과가 작성한 「조선도립의원 요람」을 살펴보면 "민심을 달래기 위해 자혜 의원 증설이 필요했다."라고 분명하게 이야기하고 있다.

자혜 의원은 1909년부터 1943년까지 일본제국이 조선 49개 지방에 세운 근대식 병원이다. 가장 처음 세워진 곳은 전주, 청주, 함흥이다. 이 지역은 외부 세력에 대해 매우 배타적인 기질을 갖고 있는 곳으로 유명하다. 이 의원의 표면적인 설립 목적은 '지역의 병든 주민들을 무료로 진료한다'는 것이었지만, 그 속내를 들여다보면 자신들의 '최신식 의료 기술'로 조선 땅의 다루기 힘든 자들까지 모두 길들이겠다는 진짜 목적이 있었다.

웅본 농장의 진료소가 자혜 의원과 같은 이름을 딴 '자혜 진료소'

▶ 넓게 펼쳐진 논 뒤로 보이는 군산간호대학. 이영춘 가옥은 군산간호대학 교정 안에 있다.

인 것도 같은 맥락으로 보면 된다. 웅본 농장은 1930년대 초반에만 네 차례의 대규모 소작쟁의가 일어날 정도로 쟁의 다발 농장이었기 때문이다. 그는 쟁의를 진정시키기 위해 자혜 진료소와 이영춘 박사를 이용했다. 그리고 이 '작전'은 성공했다. 자혜 진료소의 무료 진료 소문이 퍼지자 웅본 농장의 소작권이 다른 농장의 소작권보다 비싸게 팔리는 현상까지 발생했고, 타 농장의 소작농들이 자혜 진료소를 찾아와 치료를 받기도 했다.

진료소 설립에는 또 다른 목적도 있었다. 농장의 효율 증대였다. 농장 운영에 가장 중요한 자원은 소작농이다. 농지가 아무리 많아도 농사를 지을 사람이 없다면 무용지물과 다름없었다. 그리고 그 인적 자원이 병들어 제대로 일을 할 수 없다면 농장의 효율이 떨어지는 것은 당연했다. 구마모토에게 진료소 설립은 명분과 실리를 동시에 챙길 수 있는 최고의 방법이었다.

그렇다면 이영춘의 결정은 어떻게 이루어진 것일까? 군산에 오기 전, 이영춘은 세브란스의전에서 병리학 강사로 재직하고 있었다. 그가 근무 중이던 어느 날, 평양 보고 시절의 은사였던 와타나베 도웅[渡邊洞雲]으로부터 한 통의 전화를 받는다. 와타나베는 이영춘에게 한 가지 제안을 하는데 바로 웅본 농장 자혜 진료소의 부임이었다. 당시 와타나베는 경성제국대학의 교수로 재직 중이었는데, 평소 친분이 있던 구마모토에게 조선인 의사를 구해 달라는 부탁을 받았고, 이에 와타나베는 이영춘을 추천한 것이다.

이영춘의 입장에서 보면 쉽게 결정할 수 있는 문제는 아니었을 것이다. 세브란스의전의 모든 생활을 접고 내려가는 것도 그러했지만 일제강점기 시절 일본인이 운영하는 농장으로 부임한다는 것 자체도 상당히 꺼림칙한 문제였을 것이다.

이영춘은 구마모토에게 역으로 한 가지 조건을 제시했다. 그리고 구마모토가 이를 수락할 경우에만 부임하겠다는 의사를 밝혔다. 그가 진료소 부임 10년이 되는 해에 '농촌위생연구소'를 설립해 달라는 것이었다.

그의 궁극적인 의학은 '질병의 선 예방, 후 치료'였다. 예방의 차원에서 우선적으로 농촌의 위생 상태를 점검해야만 농민들을 질병으로부터 구제할 수 있다고 생각했다. 그리고 이를 실행할 수 있는 바탕은 병원의 수를 늘리는 것이 아니라 '농촌위생연구소'를 설립하여 근본적인 해결책을 마련하는 것에 있다고 보았다.

이영춘의 제안은 그 자리에서 받아들여졌다. 구마모토에게 이영춘의 제안은 결코 불리한 것이 아니었다. 조선인 의사의 진료·연구 활동을 통해 소작농이 건강해진다면 쌀 생산이 늘어나는 것은 물론, 빈번한 소작쟁의 또한 효과적으로 막을 수 있기 때문이었다. 반대로 이영춘에게 이 제안은 자신의 꿈과 목표를 이룰 수 있는 좋은 기회였다. 연구소를 건립하기 위해서는 개인이 도저히 감당할 수 없는 엄청난 자본이 필요했다. 하지만 대지주의 자본을 활용한다면 그리 어려운 일이 아니었다. 서로의 목표와 목적은 달랐지만 상호 절충되는 입장에서 좋은 협상인 된 셈이었다.

그러나 이영춘의 제안은 결국 이행되지 못했다. 진료소 부임 10
년이 되던 해 조선이 해방을 맞으면서 구마모토가 일본으로 돌아갔
기 때문이다. 군산 땅의 질병은 여전히 만연했고 가난 또한 함께 했
다. 이영춘 박사는 해방 후에도 개정에 남아 농민들을 보살폈고, 3
년이 지난 1948년에 결국 자신의 힘으로 '농촌위생연구소'를 설립
했다. 그리고 구마모토의 별장은 이영춘의 집이 되었다.

이영춘 가옥이 말해야 하는 것

이영춘 가옥은 '일제시대 농장주들에 의한 토지 수탈의 실상을
보여주는 역사적 의미와 함께 해방 후 우리나라 농촌 보건 위생의
선구자 쌍천 이영춘 박사가 이용했다는 의료적 가치를 지니고 있
다.'라고 말하고 있다. 그러나 이 문구가 이 집을 모두 설명하고 있는
것은 아니다. '이영춘의 의료적 가치'는 두드러지게 보이지만, '토
지 수탈의 실상'은 수면 아래로 내려앉았기 때문이다.

구마모토의 별장이었던 시절, 이 집에서는 구체적으로 어떤 일들
이 벌어졌을까? 구마모토가 이영춘을 고용하여 이곳에 머물게 했던
시절, 그 두 사람은 어떤 관계를 맺고 있었을까? 고용주와 소작농 사
이에 놓인 이영춘이라는 인물은 자신의 목적을 달성하기 위해 어떤
계획을 준비하고 있었던 것일까? 일본제국대학의 의학박사이면서
도 조선인 소작농을 치료하는 의사였던 그가 두 가지 정체성 속에서

▶ 이영춘 가옥의 안내 표지판에는 '구마모토 별장'에 대한 표기가 빠져 있다.

▶ '한국의 슈바이처'라 불리는 쌍천 이영춘 박사. 해방 후에도 박사는 개정에 남아 농민들의 질병 예방을 위해 노력했다.(사진 제공 : 군산근대역사박물관)

▶ 군산간호대학 교정에 있는 이영춘 박사의 흉상

방황하지는 않았을까?

해방 후 3세대가 성장하며 배운 내용은 일제에 대항하여 대한 독립을 꿈꾸었던 위인들의 이야기가 전부였다. 그래서인지는 몰라도 나는 일제에 대항하는 것이 아니라, 일제를 이용하여 '의료적 독립'을 이루고자 했던 이영춘이라는 사람의 이야기가 더욱 알고 싶었다. 그것이 친일인지 반일인지는 별로 궁금하지 않다. 다만 일제강점기의 시절에 일어났던 일들에 대해 애국심이나 의협심의 눈이 아닌, 역사의 한 표본을 담담하게 검토하는 입장에서 살펴보고자 하는 것뿐이다.

해방 후 70년이 지난 지금, 어쩌면 우리는 이 문제를 아직까지도 회피하고 있는 것인지도 모르겠다. 아픈 역사이고 치욕적인 과거라며 감춘 것은 저들이 아니라 오히려 우리다. 구마모토를 수면 위로 끌어올리지 않는 이상, 이영춘의 집은 역사의 절름발이 신세를 면치 못할 수밖에 없다. 집의 원래 주인이 없었다면 훗날의 집주인도 존재하지 않기 때문이다.

'아프지만 청춘'이었던 서른 세 살의 이영춘을 되살려야 하는 것도, '두렵지만 진실'이었던 두 남자의 이야기를 끄집어내야 하는 것도 모두 이영춘 가옥이 해야 할 몫이다. 편집된 이 집의 역사를 바로잡아주어야 한다.

2013. 白

빵보다 중요한 이성당 이야기

매스컴에 가려진 이성당, 그리고 이즈모야

줄 서서 먹는 빵집

빵 좋아하는 사람 치고 군산 이성당을 모르는 사람은 거의 없다. 이성당은 대한민국에서 가장 오래된 빵집이다. 1945년에 개업하여 곧 일흔의 나이를 맞는다. 오랜 역사가 쌓인 만큼 빵의 가짓수만 해도 400여 개에 달한다. 이 중에서도 몇몇의 빵은 엄청난 인기를 얻어 맛을 보려면 수십 분에서 길게는 한 시간을 기다려야 한다. 가게 안은 늘 손님과 종업원으로 북새통을 이룬다.

이성당은 오전 7시 30분에 영업을 시작한다. 하지만 사람들은 7시부터 가게를 찾아와 개업 시간을 기다린다. 이성당의 인기 메뉴인 모닝 세트를 먹기 위해서이다. 모닝 세트는 샌드위치와 야채 수프, 커피, 샐러드로 차려진 서양식 아침 식사이다. 이 세트는 오랫동안 군산 직장인들의 아침을 책임져 왔다. 요즘은 외지인도 적지 않게 찾는다. 모닝 세트가 판매되는 동안 이성당의 핵심 메뉴들이 판매 준비를 서두른다.

이곳에서 빵을 사려면 줄을 서야 한다. 인기가 많은 빵은 진열대에서 급식을 나눠주듯 종업원이 직접 개수를 헤아려 나눠준다. 그러지 않으면 한참을 기다렸던 사람들이 쟁반에 빵을 욕심껏 한가득 담아가 곧 동이 나기 때문이다. 사람들은 진열대를 따라 일렬로 서서 자신의 차례를 기다린다. 사람이 점점 많아지면 줄은 가게 밖으로 이어지고, 그 줄이 더 길어지면 가게를 감싸고 옆 가게로까지 이어진다. 이러한 풍경은 빵 나오는 시간을 전후해 하루에 몇 번씩이나 반복된다.

가게 안을 들여다보니, 사람들의 모습이 정말 각양각색이다. 줄을 서서 기다리는 여자 친구와 그녀의 손끝을 쫓아 다른 빵을 쟁반에 담는 남자 친구, 카메라를 들고 구석구석 사진을 찍는 여행객, 정해진 개수를 무시하고 무작정 많이 담으려고 하는 아주머니, 아내의 빵 타령에 지친 남편과 아이들, 그리고 그 사이를 바쁘게 비집고 다니는 종업원과 빵 수레까지 한바탕 빵 전쟁이 벌어진다.

가게 바깥 모습도 인상적이다. 꼬리에 꼬리를 문 줄 꽁무니에는 방금 도착한 사람들이 자석처럼 붙어 선다. 개중에는 이 줄이 무슨 줄인지도 모른 채 서 있는 사람도 있다. 줄이 밖으로 나올 정도면 뭔가 있지 않겠나 하는 생각에 무작정 서는 것이다. 특정 빵을 살 것이

▶ 이성당 빵을 사기 위해 기다리고 있는 행렬의 모습. 줄은 꼬리에 꼬리를 물고 옆 건물 뒤쪽으로까지 이어진다. 이런 풍경은 이제 주말의 일상이 되었다.

아니라면 줄 옆의 문으로 들어가도 된다고 알려줘도 별로 관심이 없다. 사람들이 모여 있는 곳에 누구보다 먼저 줄을 서는 것이 더 중요한 모양이다. 이런 줄을 보며 울상으로 통화를 하는 사람도 있고, 마냥 신이 나서 사진을 찍는 사람도 있다. 가게 앞 주차 금지 구역에는 끊임없이 차들이 정차해 있고, 가게를 둘러싼 길목은 기다리는 차들의 행렬로 꽉 막혔다.

이성당은 70년 전 작은 동네 빵집으로 시작했다. 이곳이 새롭게 조명받는 이유는 무엇일까. 사람들이 이성당에서 기대하는 것이 무엇이고, 이성당이 가지고 있는 힘은 대체 무엇일까. 이곳에 대한 여러 글을 읽고 사람들의 이야기를 들었다. 또 여러 번 다녀오기까지 했지만 의문은 쉽게 풀리지 않았다. 무언가 알 수 없는 어떤 매력이 있는 것은 분명하다.

이성당의 인기 메뉴는 이른바 '한국인의 국민 빵'으로 불리는 단팥빵이다. 〈상하이 트위스트〉 가사처럼 '나팔바지에 빵집을 누비던' 그 시절을 추억하는 중년 어르신들은 단팥빵에 대한 남다른 추억들을 하나씩은 가지고 있다. 젊은 세대는 어렸을 때 우유와 함께 먹었던 든든한 간식 정도로 기억하고 있을 것이다. 남녀노소 누구에게나 사랑받는 한국의 단팥빵. 그런데 이 단팥빵은 우리가 생각한 것과 조금 다른 역사를 가지고 있다.

▶ 단팥빵이 나오는 시간의 이성당 풍경. 이때가 되면 어김없이 사람들이 줄을 서서 빵을 기다린다.

단팥빵은 우리나라 빵인가?

우리나라 사람들은 단팥빵을 어릴 때부터 친숙하게 먹었다. 단팥
빵에 관한 이야깃거리도 무궁무진하다. 전국 어디에서나 단팥빵을
팔지 않는 빵집이 없을 정도이다. 빵은 서양에서 비롯된 것이라고
하지만 그 안에 들어 있는 팥은 한국의 오랜 식재료로 쓰여 왔기 때
문에 그 친숙함이 더한 듯하다. 귀신을 쫓는다는 설화가 있을 만큼
팥은 오랫동안 우리의 음식 생활과 깊은 인연을 맺어 왔다. 팥을 이
용한 빵이 오늘날까지 꾸준한 인기를 얻고 있는 데에도 한국인의 정
서가 큰 몫을 했다.

단팥빵을 이야기하기 전에 먼저 빵이 어떻게 한국에 들어오게 되
었는지부터 알아볼 필요가 있다. 1850년대 전까지 한국을 비롯한
일본, 중국에는 빵이 없었다. 가장 먼저 문호를 개방한 일본이 빵을
동양 세계에 들여놓았다. 일본이 개항 이후 다양한 서양 물자를 접
하던 중 빵의 존재를 알게 되었고, 이를 군사 식량으로 받아들이면
서 먹기 시작한 것이 동양 빵 역사의 출발점이다.

> 가벼워서 운반하기 편리하다는 점, 휴대하기 쉽고 보존이 잘된다
> 는 점, 전쟁터에서 끓여야 하는 번거로움 없이, 연기가 안 나고 걸으
> 면서도 먹기 좋다는 등의 장점 때문에 빵을 군대에 도입하는 것이
> 좋다고 생각한 것이다.
>
> - 정하미, 『일본의 서양문화 수용사』 중에서

▶ 빵 나오는 시간, 분주한 손놀림의 종업원

일본인들은 이스트 냄새 때문에 유입 초기에는 빵을 선호하지 않았다. 그리고 빵을 주식으로 생각하지 않았기 때문에 조미빵, 과자빵 등 간식으로 판매되는 것이 고작이었다. 그래서 한동안 일본 시장에서 인기를 얻지 못했다. 그러던 중 무사 출신의 기무라 야스베[木村安兵衛]가 빵 맛의 가능성을 발견하고 이를 발전시켰다.

그는 메이지유신 때 무사의 직을 잃었다. 그리고 다른 일거리를 찾기 위해 직업훈련소에 다니다가 네덜란드인 요리사를 만나면서 서양 빵을 처음 접하게 되었다. 그는 빵이 이전에 먹었던 찐빵이나 만두와는 전혀 다른 차원의 맛이라는 것을 깨닫고 일본에서 인기를 얻을 만한 요소가 충분하다고 직감했다. 그리고 서양 빵을 일본인 입맛에 맞게 변화시키는 작업에 도전했다.

도전 끝에 기무라는 이스트가 아닌 술로 반죽을 발효하는 방법을 고안해 6년 만에 '일본식 빵'을 개발해냈다. 그리고 빵을 간식으로 먹는 일본사람들의 취향을 고려해 단팥을 빵 속에 넣었다. 이것이 단팥빵의 시초가 되었다. 그는 안빵(あんパン)이라고 이름을 붙였는데 '팥소를 넣은 빵'이라는 뜻이다. '일본의 빵'을 창시한 기무라는 일본에서 '빵 과자의 아버지'로 불리고 있다. 그가 긴자에 개업한 '기무라야(木村屋, きむらや)'는 지금까지도 그 자리에서 인기리에 영업 중이다. 하지만 기무라가 단팥빵을 창시했다고 보기 어렵다는 견해가 있다. 그 당시 빵이 대중화되면서 서로 다른 빵집에서 동시에 개발이 진행되었을 가능성이 있다는 것이다. 오늘날 '기무라야' 상점

에서는 기무라의 단팥빵 창시에 대해 부인하고 있는 상황이다. 그러나 기무라가 동양인도 빵을 먹기 좋게 개발했고 단팥빵의 창시에서부터 대중화까지 영향을 미쳐왔음은 분명하다.

단팥빵은 단 한 번의 결정적인 계기로 전국적인 인기를 얻게 된다. 기무라는 메이지유신 전부터 알고 지내던 고위 관료 야마오카 뎃슈[山岡鐵舟]의 도움으로 벚꽃 놀이 행차에 오른 왕의 도시락에 단팥빵을 넣게 되었다. 기무라는 왕의 도시락에 특별한 의미가 담긴 빵을 넣고 싶었다. 그는 빵 가운데에 벚꽃 잎을 소금에 절여 꽂아 두는 기지를 발휘했다. 이 빵을 왕과 왕비가 매우 좋아했던 것은 물론, 그 이후 일본에서 단팥빵은 문명개화, 근대화의 상징적인 빵으로 부상하게 되었다.

이후 일본 내에서 수많은 빵집이 생겨나고, 기무라야가 아닌 다른 상점에서도 단팥빵을 먹을 수 있게 되었다. 단팥빵을 시작으로 다양한 빵들이 개발되면서 주식으로 빵을 먹는 사람들도 점차 늘어났다. 일본의 제과 제빵이 성장하던 시기에 조선에서도 일본인이 운영하는 빵집이 생겨났다.

이성당의 모체, 이즈모야

지금으로부터 약 100년 전, 이성당이 있던 자리에는 일본인이 운영하는 제과점이 있었다. 히로세 야스타로[廣瀨安太郞]가 1910년경 개업한 이즈모야[出雲屋]이다. 그는 아들을 군대에 보내고 싶지

▶ 이성당 단팥빵

않아 본래의 성인 '엔조'를 '히로세'로 바꾸고 1906년 군산으로 이주했다. 정확한 시기는 알 수 없으나 그는 조선에 오기 전 시마네현[島根縣] 마쓰에시[松江市]와 이즈모시[出雲市]에 거주하면서 제분, 면, 찹쌀 과자 등을 만드는 기술을 배웠다. 이 지역들은 일본에서 오랜 역사를 자랑하는 전통 화과자 생산지다. 가게 이름도 거주지였던 이즈모시의 지명을 따라 지은 것이다. 이즈모야가 개업한 같은 해, 조선에서는 한일 합방이 체결되었다.

이즈모야는 초기 아라레(あられ)를 파는 과자점이었다. 아라레는 찹쌀 과자로 찹쌀을 절구에 빻거나 잘게 썰어 곱게 만든 후 약한 불에 데치거나 기름에 튀긴 것이다. 이것을 동그란 캔에 담아 판매했다. 당시 군산 시내 일본인 사이에서 이즈모야의 아라레는 인기가 높았다. 히로세는 점차 가짓수를 늘려 모찌, 화과자 등의 다양한 일본식 과자를 판매했다.

이후 사업이 커지자 아들들이 대를 이어 과자점을 크게 성장시켰다. 첫째 아들 히로세 켄이치[廣瀨健一]는 동경으로 돌아가 제과 기술을 배워왔다. 그로 인해 조선에서는 처음으로 단팥빵이 판매되기 시작했다. 유명세를 탄 이즈모야는 1920년에 현재 위치인 중앙로 1가로 확장 이전을 했다. 아버지의 전통 과자 제조 기술과 아들들의 양과자 기술이 더해져 제과점은 꾸준히 번창했다.

이 당시 단팥빵을 비롯한 다양한 빵의 유입은 군산의 음식 문화에 새로운 바람을 일으켰다. 초기에는 재료가 넉넉하지 않고 기술자가 적었기 때문에 빵의 가격은 꽤 높은 편이었다. 빵을 먹는 것은 일본의 신식 문화를 향유하는 것과 같은 행동이었고, 동시에 부의 상징으로 여겨졌다. 이즈모야는 군산 시내 일본인들의 고급 레스토랑이자 사교장이었다.

아들들이 제과 제빵 재료를 대량으로 들여오면서 이즈모야는 재료상의 역할까지 담당했다. 밀가루는 군산에서 충당할 수 있었지만 설탕, 향료, 버터, 치즈, 크림은 조선에서 구하기 어려웠다. 이 재료를 일본에서 수입해 조선에 판매하는 중간상인 역할을 한 것이다. 좋은 재료와 더불어 일본의 신식 조리 도구까지 적극적으로 도입하면서 이즈모야는 1930년대 최고의 전성기를 맞았다.

이들은 1940년대 초반까지 30여 년간 성공적으로 사업을 이끌었다. 재료상은 점차 커졌고 둘째 아들은 군산의 다른 지역에 분점을 냈다. 하지만 그들에게 큰 문제가 닥쳤다. 일본의 패망과 함께 한국의 해방이 찾아온 것이다. 이들은 이즈모야를 남겨둔 채 일본으로 돌아가야만 했다. 첫째 아들 켄이치는 혼자 남아서라도 사업을 계속하겠다며 고집을 피웠지만 결국 일가가 모두 일본 사가현(켄이치 부인의 고향)으로 돌아가게 되었다.

오늘의 이성당이 있기까지

이성당의 초대 사업주는 이석우다. 이석우는 남원 출신으로 일제강점기에 생활고를 못 견뎌 가족들과 함께 일본으로 건너갔다. 그들

▶ 군산 단팥빵의 역사는 일제 시절의 이즈모야 제과점에서부터 시작한다.

은 홋카이도 광산에서 일자리를 잡고 경제적으로 안정을 찾아 다소 평범한 삶을 살고 있었다. 그러나 조선이 해방되면서 히로세 가족이 군산을 떠나 일본으로 돌아온 것처럼, 이석우의 가족 역시 일자리를 잃고 한국으로 돌아와야만 했다.

이석우의 가족은 고향인 남원으로 가지 않고 임시로 군산의 천막 수용소에 머물렀다. 그런데 마땅한 일자리가 없자 가족은 다시 어려운 생활에 처하게 되었다. 고민 끝에 이석우는 당시 군산에서 잘나가던 '대동 사이다' 사장을 만나러 갔다. 사장은 이석우 동창의 아버지였다. 현재의 어려운 사정과 앞으로의 사업 계획을 이야기한 뒤 자신을 믿고 자금을 빌려 달라고 부탁했다. 그 배포를 좋게 본 사장이 이석우에게 흔쾌히 돈을 빌려주었다. 이석우는 그 돈으로 조그마한 하꼬방을 빌리고 밀가루와 설탕을 사서 과자 장사를 시작했다.

이석우가 만든 과자는 입소문을 타고 인기를 얻었다. 가족의 생활은 점점 나아졌다. 그러던 중 이석우는 이즈모야가 적산 가옥으로 등록되었다는 소식을 들었다. 그는 본인 재산에 은행 대출을 더해 가옥의 절반을 불하받아 이즈모야를 인수했다. 그리고 '이(李)씨가 하는 집은 번성한다'는 뜻의 이성당(李盛堂)을 개업했다.

초기 이성당은 생과자와 전병, 사탕을 주로 팔았다. 틀이 다양하고 만드는 기술이 좋아서 과자의 맛과 모양이 각양각색이었다. 이성당의 초기 제빵사는 이석우와 이석우의 친인척들이었다. 이들은 일본인에게 직접 제빵 기술을 배우지 않았지만 소위 '어깨너머'로 배운 기술자들이었다. 이즈모야의 맛과 향을 떠올리고, 간접적으로 배운 기술을 연마해 빵을 재현해냈다. 이들은 손기술이 좋은 집안이었다. 적은 개수의 메뉴로 시작했지만 얼마 후 단팥빵, 케이크, 크림빵까지 팔기 시작했다. 그는 이즈모야의 명성을 잇는 제과점을 만들고 싶었던 것으로 보인다. 그래서 일본기술을 따라하고 이즈모야 자리에 무리해서 가게를 개업했을 것이다. 기술이 안정되고 빵의 종류가 다양해지면서 이성당은 차츰 자리를 잡아갔다.

1950년대로 넘어오면서 이성당의 인기는 급속도로 퍼져 나갔다. 제빵사들이 하루 종일 빵을 만들어야 수요를 맞출 수 있을 정도였다. 직원들은 통금 사이렌이 울리는 새벽 4시부터 일을 시작했고 다시 사이렌이 울리는 밤 11시까지 빵과 과자를 만들었다. 통금이 없었다면 밤새 빵을 만들었을지도 모른다. 생활이 여유롭지 않았던 당시에도 이성당의 빵은 최고의 간식이자 선물로 통했다.

제과 기술이 발전하면서 한국에서 구하기 어려운 재료들이 많아졌다. 그래서 군산 지역의 제과업자들이 모여 삼영상사를 만들었다. 재료를 쉽게 구하고 제과점 운영을 편리하게 하기 위한 조직이었다. 이씨는 그중에서 나이가 젊고 셈이 빨라 이 조직에서 이사직을 맡았다. 모임은 유대 관계를 중요시해서 여행을 같이 가기도 하고 어려울 때 서로 조언을 해주는 등 이 지역 제과업자들의 단합을 도모했다. 현재는 이성당만 남았지만 과거 군산에는 미성당, 순옥 제과, 유성당, 군산당, 조화당, 태극당 등 수많은 제과점이 있었다.

▶ 갓 구운 빵을 기다리는 사람들을 위해 직원들이 분주히 움직이고 있다.

승승장구하던 이성당에도 몇 차례의 위기가 있었다. 1970년대 빵 판매율이 급격히 감소하면서 운영이 힘들어지자 기존 빵의 변화를 시도했다. 첫 번째 위기를 넘게 한 것은 '야채빵'이었다. 여느 빵집과 같이 튀기지 않고 구워 만들어 차별화 전략을 펼쳤다. 그 결과 구워 만든 빵 속의 아삭아삭하게 씹히는 야채 소는 이성당의 전매특허가 되었다.

2000년대 초중반 대형 프랜차이즈 빵집이 성장하자 이성당은 두 번째 위기에 몰렸다. 이번 위기는 단팥빵에 들어가는 쌀가루의 힘으로 넘을 수 있었다. 기존의 밀가루 반죽을 벗어나 100% 쌀가루로 만든 반죽을 개발했다. 이후 쌀가루는 이성당이 새로운 명성을 얻게 한 또 하나의 상징이 되었다. 야채빵과 쌀가루가 들어간 단팥빵은 이제 이성당의 대표적인 빵으로 손꼽히고 있다.

과거 이성당이 군산에서 가장 최신의 트렌드를 보여주는 고급 제과점이었다면 지금은 오랜 전통을 지닌 '추억을 떠올리는 빵집'으로 통하고 있다. 동네를 벗어나 전국, 해외까지 소문이 퍼지면서 이성당은 옛 시절의 향수를 불러일으키는 감성적인 공간으로 인식되기에 이르렀다.

1970년대와 2000년대 초반의 위기는 외부의 입장에서 보았을 때 '위기'다. 하지만 이성당의 입장에서 보았을 때 이 시기는 위기가 아닌 '기회'였다. 주변의 흐름과 관계없이 꾸준히 새로운 메뉴를 개발해온 것이 성공요인이 되었다. 지역빵집이 프랜차이즈 빵집을 밀어낸 곳은 국내에서 유일하게 군산이다. 프렌차이즈 빵집의 초기 발생 시기에 걱정이 없었던 것은 아니지만 오랜 역사로 인한 시민과의 신뢰와 자체개발 기술이라는 튼튼한 바탕이 있었기 때문에 자신 있었다. 이들은 걱정만 한 것이 아니라 해야 할 일을 했고 자연스럽게 넘어갔기 때문에 위기가 없었다고 이야기한다.

'우리나라에서 가장 오래된 빵집', '전국 5대 빵집'이란 문구는 이성당에 대한 사람들의 상상력을 자극하고 있다. 매스컴에 나오는 이성당은 예전 '그때의 모습 그대로' 멈춰 있는 빵집이다. 너무나 익숙해져 유행과 멀어졌던 단팥빵은 이제 이성당이라는 브랜드를 입게 되면서 신기하고 경험하고 싶은 희소적 가치를 지닌 특별한 음식이 되었다. 이성당은 '1945'라는 약력을 바탕으로 사람들에게 맛의 퇴보가 아닌 맛의 재발견으로 다가서게 되었다.

"이젠 가고 싶어도 못 가지."

오랫동안 한자리를 지켜온 이성당은 군산 시민들만의 특별한 곳으로 여겨진다. 한 예로 이성당 현 사장의 윗대인 오씨가 사망한 날 군산 시민들은 함께 슬퍼했다. 군산의 한 지역 신문에서는 '군산의 어머니가 돌아가셨다.'라며 애통한 분위기로 이 사실을 보도했다. 그 정도로 군산 시민에게 이성당은 동네 빵집 이상의 친밀감을 가진 의미 깊은 장소였다.

이성당 개업 초기에는 군산 사람들 모두가 쉽게 드나들 수 있는 곳은 아니었다. 당시 우리나라는 급격한 변화를 겪고 있던 시기여서 빈부 격차가 심하고 끼니를 때우기 어려운 사람이 매우 많았다. 빵에 대한 수요가 늘어났지만 밥이 주식이고 빵은 간식이라는 생각에는 변함이 없었다. 그때 빵은 생활의 여유가 있는 사람들만 사 먹을 수 있는 사치품이었다. 서양 음식에 대한 호기심과 새로운 맛 때문에 사람들은 이성당에 관심이 많았다.

"옛날에는 이성당에 아무나 못 다녔어. 고등학생 아래로는 입장도 못하던 곳이었단 말이야. 그때 우리 집이 잘살았는데 아버지뻘이나 되는 어른들만 가던 데야. 어린애들은 밖에서 구경이나 하고 그랬지."

– 78세 여, 시장 상인

빵을 만드는 기술이 어느 정도 정착한 1950~60년대에도 여전히 빵의 재료비가 비쌌기 때문에 이성당은 쉽게 접하기 어려운 고급 제과점으로 통했다. 더 많은 사람들이 빵을 접할 수 있게 된 것은 보다 더 경제적으로 안정된 1970년대 이후이다. 동네 빵집이 군산 곳곳에 생겨나고 대량생산이 가능해지자 본격적으로 빵이 대중화되기 시작했다. 이성당의 빵은 맛이 좋고 종류도 다양해서 더욱 큰 인기를 얻었다. 군산 사람들은 특별한 날이 되면 항상 이성당을 찾을 만큼 이곳을 좋아했다.

"어렸을 때 빵 먹고 싶으면 아버지가 (이성당에서) 사다 주셨어.
예전에도 잘됐는데 지금처럼 줄 서서 먹을 정도는 아니었지. 고등학
교 때 친구들이랑 가기도 하고."

- 50대 여, 카페 운영

옛 추억을 떠올리며 이성당을 찾아오는 사람들도 있다. 그때와 크
게 달라지지 않은 가게의 모습과 빵 맛에서 예전의 향수를 느끼고 있
었다.

"제가 군산에서 태어났는데 집사람을 다른 지역에서 만났어요.
20년 전에 연애할 때 집사람과 군산에 자주 왔었는데 지금 그때가
생각나서 또 왔어요. 빵 맛이 그때랑 똑같아요, 그대로예요. 하나도
안 변했어요."

- 40대 남, 회사원

중년 세대에게 이성당은 미팅과 데이트를 했던 젊은 날의 연애 시
절을 떠올리는 장소이다. 예전 모습 그대로의 추억의 장소가 남아 있
는 곳은 낭만적인 여행지로 손색이 없을 것이다.

그러나 이곳을 찾는 군산 사람의 수는 점점 줄어들고 있다. 몇몇
군산 시민에게 이유를 물어보니 안 가는 것보다는 못 가는 것에 더

▶ 시도 때도 없이 몰려드는 관광객으로 인해 이성당을 찾는 군산 시민의 수는 점점 줄어들고 있다.

가깝다고 했다. 이성당이 매스컴에 빈번하게 노출되고, 전 국민의 관심을 받으면서 빵집은 순식간에 외지인으로 인산인해를 이루었다. 그 결과 이곳에 살고 있는 사람들은 빵집과 더욱 멀어지게 된 것이다. 아침부터 줄을 서서 기다려도 빵 하나 제대로 먹지 못하는 이성당은 군산 시민들이 생각하는 옛 추억과는 어울리지 않았다.

"이제 이성당 빵 먹고 싶어도 못 먹어요. 그렇게 줄이 긴데 어떻게 가서 사 먹어. 빵 먹고 싶으면 그냥 집 근처에 있는 빵집에서 사 먹어요."

- 50대 여, 식당 운영

이성당 하면 아버지와의 추억이 떠오른다는 주민도 지금은 그곳을 찾지 않는다고 이야기했다. 옛 생각을 하며 느긋이 찾아가면 빵은 보기 힘들고 동네 빵집 분위기는 벌써 사라져 여유롭게 회상할 틈조차 없다고 덧붙였다. 바쁘게만 돌아가는 이성당은 군산 시민에게 오히려 낯선 곳이 되고 말았다.

"이성당 왔죠? 내가 딱 보면 알아. 근데 군산 사람들은 거기서 빵 안 사 먹어. 타지 사람들이나 대단하다고 먹지, 나는 빵도 별로 안 좋아하기도 하고. 가족들이 사 오래도 뭐 사갈 수가 있어야지. 안 간 지 오래됐어."

- 50대 남, 택시 기사

70년 세월의 오리지널 단팥빵

매스컴을 통해 이성당이 알려지면서 전국 각지에서 사람들이 몰려들었다. 방송에서 비치는 이성당은 연륜이 느껴지는 오래된 빵집이다. 그리고 온종일 사람들로 북적대는 '숨겨진' 맛집이다. 실제로도 이성당은 가족이 꾸준히 대를 이어온 곳이라는 특성에 맞게 독특한 그만의 분위기를 풍기고 있다. 이성당이 전국적인 인기를 얻게 된 중요한 이유이기도 하다.

1990년대 중후반부터 우리나라에는 프랜차이즈 빵집이 큰 성공을 거두면서 전국적으로 유사한 형태의 제과점이 기하급수적으로 늘어났다. 맛도 균일하게 정제되었고 어느 곳에서나 똑같은 빵과 똑같은 외형을 갖춘 장소가 만들어졌다. 사람들은 오래된 것, 불편한 것보다 새롭고 편한 것을 선호했고 맛이 검증된, 사람들이 많이 찾는 프랜차이즈를 즐겨 이용했다. 이렇게 대형 회사가 전국 제과 상권을 점령하면서 동네 빵집은 서서히 사라졌다. 서울 중심가에서 50년을 유지하던 빵집도 최근 경영난으로 인해 사라졌고 대신 그 자리에는 대형 의류 전문점이 생겼다.

시간이 흐르면서 점점 사람들은 획일화된 제과점에 흥미를 잃어갔다. 보다 개성 있는 것, 사람 냄새가 나는 곳으로 눈길을 돌리게 되었다. 여기에 '웰빙' 바람이 불자 사람들은 인공적인 맛에 반기를 들기 시작했다. 그 결과 프랜차이즈보다는 이전 본래의 맛을 찾는 것에 흥미를 느꼈다.

▶ 다양한 사람들이 이성당 안쪽에 마련된 테이블 공간에 앉아 갖가지 음식을 즐기고 있다.

오리지널, 원조를 찾는 것이 진짜 음식을 먹는 것이라는 인식이 전국 각지에 퍼지는 가운데 이성당이 새롭게 부각되었다. 외부의 흐름을 무작정 따르지 않고 뚝심 있게 정체성을 지켜 왔다는 점에서도 사람들의 호감을 얻었다. 휴머니즘이 화두로 떠오른 요즘, 70년 세월의 역사를 간직한 이성당은 사람들의 흥미를 끌기에 충분했다.

빵에 대해 관심이 있는 사람, 음식 좀 먹어 봤다고 하는 사람에게 이성당은 가 보지 않으면 안 될 필수 맛집 코스가 되었다. 빵을 기다리는 줄은 더운 여름이나 추운 겨울에도 줄어들지 않는다. 줄은 지겨운 기다림이 아니라, 성취할 것에 대한 기대치를 높이는 중요한 연결 고리가 된 것처럼 보였다.

항상 사람이 많으니 그 틈에 몸싸움이 생기고 언성도 높아져 실랑이가 벌어질 때도 있다. 북새통은 빵이 다 팔릴 때까지 온종일 이어진다. 가게 안에서는 수레에 빵이 가득 실려 나오고 밖에서는 사람들이 끊이지 않고 밀려든다. 그 덕에 빵들은 매일같이 영업시간이 끝나기 전에 동이 나 버린다.

종업원들 또한 바쁘게 수레를 나르고 빵을 포장하는 것에만 집중한다. 사람들이 묻는 질문에는 대답하지 않고 본인이 해야 할 일에만 집중한다. 그렇게 해야만 더 많은 사람들이 빵을 살 수 있도록 도울 수 있기 때문이다.

바쁜 것이 일상일 정도로 이성당이 붐비는 이유는 간단하다. 사람들이 기대하는 '진짜' 빵의 진가가 군산에 와서 먹을 때 비로소 발휘된다고 믿기 때문이다. 전국 각지로 배송이 가능한 택배 서비스가 제공되고 있지만 그와는 다르게 현장에서만 볼 수 있는 독특한 맛이 있다고 생각하는 것이다. 먼 길 찾아와 줄을 서서 기다리고 조급한 마음으로 빵을 쟁반에 담아 보아야 그 맛을 알 수 있을 것이라는 사람들의 상상력이 맛에 대한 기대감을 증폭시키는 것이다.

자세히 한번 들여다보면 이성당을 다녀온 사람들이 이성당에서 가장 주목하는 것은 빵이 아니다. '긴 줄'이다. 왜 그곳에 줄을 서 있는가라는 생각에서부터 호기심이 생긴다. 빠르고 편한 것에 익숙한 사람들이 불편함을 즐기고 그것에 의미를 부여함으로써 이성당의 빵 맛이 달라지는 것이다.

그런데 이런 기대 끝에 먹은 빵 맛에 대한 사람들의 평가는 생각보다 높지 않다. 빵이 얇고 속이 꽉 찬 단팥빵과 야채의 식감이 살아 있는 구운 야채빵은 다른 곳에서 보기 힘든 개성 있는 빵인 것은 분명하다. 하지만 일반 제과점의 빵 맛과 수준을 놓고 비교했을 때 크게 차이가 나지 않는다는 것이 대체적인 평이다. 단팥빵과 야채빵은 우리나라에서 워낙 익숙한 빵이기 때문에 상상을 뛰어넘는 맛을 내기란 쉽지 않을 것이다.

관광객들이 본인이 가지고 있던 획일화된 것에 대한 지겨움, 색다른 것에 대한 갈증을 이성당에서 모두 해소할 수 있을지는 의문이다. 그들이 '진짜'를 찾아와 본래의 맛을 가진 빵을 먹는 것을 원하는 것인지, 아니면 '진짜'를 경험했다는 것을 과시하고 그로 인해 받는 시선을 즐기는 것인지 매우 모호하기 때문이다.

이들이 이성당에서 빵을 구입하는 것은 단순히 '맛있는 빵을 먹는다'라는 것을 넘어서 '과거의 근대적인 문화'를 경험하는 것이라 볼 수 있다. 본인들이 상상하는 옛날 빵집에 이성당을 맞추고 단팥빵 맛에서 예전의 느낌을 찾으려고 하는 것이다. 이들이 찾으려는 '신선한' 예스러움은 단지 빵에만 있는 것이 아니다. 침침한 군산 시가지의 풍경에서부터 이성당의 간판, 내부에 걸린 사진, 끝도 없이 늘어선 긴 줄, 이성당 빵에 대한 군산 주민들의 이러저러한 추억까지 다 함께 버무려져 있는 것이다.

이성당에서 얻는 것은 진짜 빵이 아니라 그들이 기대하는 상상인지도 모르겠다. '옛날 빵집', '70년을 유지한 맛'에 대한 기대가 매스컴의 영향으로 과장되어 있다. 그런 상상력이 사람들을 움직이게 했지만 현실은 그들을 충분히 만족시키지 못했다. 이성당은 70년의 예전 모습 그대로를 똑같이 남겨둔 곳이 아니기 때문이다.

70년 동안 변화를 거듭한 빵집이다. 가족이 운영해 지역 특유의 색이 유지되고는 있지만 한편으로는 현대적인 여건에 맞게 꾸준히 진화한 것도 사실이다. 그들의 상상과 이성당의 현실에는 분명 괴리가 있다. 빵을 사고 돌아가는 어떤 이들은 "한동안은 안 올 것 같다." 라는 대답을 했다. 그들이 생각했던 이성당을 만나지 못한 것이다.

▶ 사람들은 빵을 계산하기 위해 계산대 앞에 다시 줄을 서서 기다린다.

빵보다 중요한 이성당 이야기

이성당의 대표는 한 인터뷰에서 이런 이야기를 했다.

"이렇게 많이 와주셔서 고맙기도 하고 두렵기도 해요. 그분들의
기대에 맞출 수 있을까 싶어서."

이성당의 연매출은 수십억을 넘었고 주문량은 몇 달째 밀려 있는
상황이다. 이성당의 전국적인 인기는 곧 백화점과 대형 회사의 주목
으로 이어졌다. 그들은 분점을 낼 것을 끈질기게 요청했고 이성당은
하나의 절충안으로 백화점 내에서 일주일간 특별 행사로 이성당의
빵을 판매하기로 했다. 결국 수억의 매출을 올리며 성황리에 끝났다.

하지만 일시적인 행사가 보여준 매출은 백화점의 구미를 더욱 당
겼다. 그래서 백화점 식품분야 관리자는 군산 이성당에 30회 이상
방문하며 분점을 낼 것을 부탁했고 대표는 2014년 5월 잠실 롯데백
화점에 최초로 270㎡(81평) 규모의 분점을 열었다. 이성당 대표 김
현주는 초기의 신념에 따라 분점을 내지 않겠다고 여러 차례 거절했
다. 현재 군산 이성당에서의 주문량과 매일의 판매량을 감당하기도
어렵다. 분점을 만들 경우 제품의 질을 직접 관리하기 어려워 변질의
위험이 있기 때문에 주변의 요청과 어려움에도 오랜 시간 한 장소를
고집해 왔던 것이다.

대표가 말한 '두려움'이란 이런 상황을 두고 말한 것인지도 모르

겠다. 사람들의 수요가 상점 하나만으로 감당할 수 없는 수준에 이르렀기 때문이다. 이성당 대표는 사람들의 관심과 추억을 바탕으로 앞으로도 무리 없이 성장할 것으로 기대하고 있었다. 대표의 말대로 그런 힘을 기둥 삼아 현재까지 잘 커나가고 유지되어 온 것은 맞다. 하지만 문제는 이제부터이다.

짧은 기간 동안 감당하기 어려운 인기가 빵집 한 곳에 일제히 쏠리게 되었다. 그 결과 그곳에서 소소한 추억을 쌓은 지역의 주민들은 더 이상 이성당을 찾지 않게 되고, 외부의 관광객들은 추억의 공간을 되짚기는커녕 황급히 빵만 사들고 떠나가는 현상이 벌어지게 되었다. 추억의 빵집에 담긴 '진짜 추억'이 서서히 퇴색하고 있는 것이다. 이성당은 성장의 바탕이었던 추억을 지킬 수도 없고, 그렇다고 전국적인 브랜드의 명성을 포기할 수도 없는 과도기에 처해 있다.

서울의 분점은 군산 본점에 못지않게 높은 인기를 얻고 있다. 군산에서와 마찬가지로 빵 나오는 시간에 사람들이 대기하고 줄을 선다. 이성당을 비롯한 전국의 오래된 빵집이 백화점과의 협업에 긍정적인 반응을 보이고 있다. 실내 디자인과 분위기도 본점과 유사하게 혹은 본점의 이미지와 부합되게 한다. 이러한 선택은 매출에 확실한 이익을 주었다. 하지만 본점의 정체성을 유지하고 역사적인 깊이를 담을 수 있을지는 아직 미지수다.

일본의 근대화를 상징하던 단팥빵이 한국으로 건너와 새로운 근대화의 상징으로 자리 잡았다. 그리고 그것은 우리나라에서 가장 오래된 빵집 안에서 성장과 진화를 거듭하며 이제는 전국적인 '추억의 맛집, 단팥빵'으로 거듭났다. 이곳이 역사적이고 기념비적인 장소로서 존속할 수 있을지 없을지의 여부는 이곳을 방문하는 사람들에 달렸다. 급격한 유행에 따라, 그리고 다소 허구적인 상상의 맛에 따라 떼를 지어 이동하는 사람들의 모습이 앞으로 어떻게 변해 갈지 궁금하다. 추억에 상상이 보태져 새로운 형태로 변할 이성당의 모습도 함께 생각해 본다.

이성당을 찾는 사람들은 단순히 먹고 싶었던 빵을 먹는 것 그 이상의 것을 이곳에서 얻길 바란다. 100년 전 군산이 어떤 곳이었고, 왜 이곳에 가장 오래된 빵집이 생겨났는지, 지금 손에 쥐고 있는 따끈따끈한 단팥빵에는 과연 어떤 이야기가 담겨 있는지 한 번쯤은 생각해 보는 '진정한' 여행자가 늘어났으면 하는 바람이다.

2013.自

세 번째 시선

시선 결핍:
다양한 눈으로 바라보기

군산에는 3대 적산 가옥이 있다. '히로쓰 가옥', '사가와 가옥', '구 미곡창고주식회사 사택'이 바로 그곳이다. 일제의 흔적이 아직도 집 안 곳곳에 남아 있다. 그리고 그들이 떠난 자리에는 지금 우리가 살고 있다. 이제 이 가옥들은 일제의 집이라고 할 수도, 그렇다고 우리네 집이라고도 딱히 집어 말할 수 없는 군산 특유의 집이 되었다.

히로쓰 가옥엔 히로쓰가 없다

비교의 눈으로 이해하기

빈집을 바라보는 시선

군산 히로쓰 가옥의 가장 불편한 진실은 히로쓰가 없다는 것이다. 이미 고인이 된 히로쓰 씨를 찾는 게 아니다. 히로쓰 가옥에 히로쓰가 남긴 기록이나 흔적이 거의 없다는 그 점을 이야기하는 것이다. 고작해야 그에 관한 이력 몇 줄이 있을 뿐이다. 그가 어떤 방을 즐겨 사용했는지, 어떤 손님을 주로 맞이했는지, 고용한 조선인은 누가 있었는지 등 사소한 행적마저도 알 수 없다. 남은 것이라고는 그가 두고 간 이 집 하나이다. 그럼에도 불구하고 이곳에는 '히로쓰 가옥'이라는 명패가 붙어 있다.

또한 이곳을 히로쓰 가옥으로 부르기 어려운 또 하나의 이유가 있다. 이 집이 50년 세월을 넘게 '호남제분주식회사'의 관사로 사용

▶ 히로쓰 가옥 입구의 모습

되었다는 점이다. 1953년 히로쓰 가옥은 '호남제분'의 설립자인 이용구 회장의 소유로 넘어갔다. 그는 군산에 있던 본사를 폐쇄하고 목포로 이전하는 와중에도 이 집을 처분하지 않았다. 아들에게 물려주었다. 하지만 아들이 항공기 추락 사고로 사망하면서 소유권은 이용구 회장의 손녀에게로 갔다. 한마디로 이 집은 이용구 집안의 사택이다.

이 집이 지어진 것은 1925년이다. 히로쓰는 이곳에서 20년을 채살지 못했다. 거주한 시간으로만 따진다면 '구 호남제분 관사'라는 호칭이 이 집에 더 어울릴 수도 있겠다. 그런데 여기서 고민이 하나생긴다. 집 안에서 호남제분 관사의 자취 또한 찾아볼 수 없다는 점이다. 실제 이 집을 둘러보면 '정말 이용구 회장이 살았던 게 맞아?' 할 정도로 그에 관한 것이나 회사에 관한 그 어떤 것도 발견할 수 없다.

관사의 특성상 소유주가 머무는 시간이 짧으니 그럴 수도 있겠다는 생각을 품어 볼 수 있지만 그보다 더 중요한 사실이 있다. 2012년 군산시가 주도한 복원 사업이다. 한때 이 집은 복원으로 인해 출입이 제한된 적이 있었다. 복원한답시고 새 집 만드는 것 아닌가 하는 약간의 우려가 있었다. 그리고 그 우려는 곧 현실로 나타났다. 전형적인 일본식 가옥을 만들기 위해 총력을 기울인 흔적이 여기저기 나타났기 때문이다. 이로써 부스러기처럼 남아 있던 관사로서의 옛 느낌마저도 사라졌다. 결국 이 집은 '히로쓰의 집'도 아닌, '이용구의 집'도 아닌 '등록 문화재 제183호 히로쓰 가옥'이 되었다.

혹자는 질문할 수 있겠다. '그럼 도대체 이 집에서 무엇을 봐야 하는 걸까요?' 한 가지 다행인 것은 이용구 회장이 이 집을 사용하는 동안 집의 본래 형태를 상당 부분 그대로 남겨 놓았다는 것이다. 정확히 어떤 연유에서인지는 모르겠으나 어쨌든 그는 집의 겉모습뿐만 아니라 속내까지도 거의 손을 대지 않았다. 그래서 우리는 이 집을 통해 히로쓰의 삶을 읽을 수는 없어도 일본인이 생각하는 집에 대한 관념과 철학은 파헤칠 수 있게 되었다. 일본인들이 군산에 눌러앉으면서 받아들인 조선의 문화도 함께 말이다.

단순히 '왜놈이 살았던 집'으로 매도하거나, 특이한 관광 명소 정도로 치부하고 기념사진 한 컷 찍어가는 것만으로 이 집을 알았다고 하기에는 턱없이 부족하다. '그들이 틀렸다'는 것을 넘어 '그들은 다르다'라는 근본적인 생각의 차이를 풀어 볼 수 있는 더 없이 좋은 현장이다. 그들은 왜 조선 땅에서 그토록 정원 가꾸기에 목숨을 걸었는지, 조선의 보물이라면 사족을 못 썼는지에 관한 것들을 집 안 곳곳에서 발견할 수 있다.

그들만의 문(門)이 있다

군산 내항 거리에서 조금만 안쪽으로 들어오면 일제식 집들이 군데군데 자리하고 있는 모습을 볼 수 있다. 집과 집 사이에 나 있는 길은 골목길이라고 하기에는 폭이 상당히 넓고 구획이 반듯하다. 어

▶ 군산 구시가지에 남아 있는 일제식 가옥. 생활의 편의에 맞게 증축한 흔적들이 여기저기 눈에 띈다.

촌 마을에서 흔히 보는 구불길이 아니다. 철저하게 계획된 설계 도면에 의해 만들어진 길이다. 사실 일제가 조선을 합병한 후 군산에서 가장 먼저 행동으로 옮긴 것은 바로 이 격자형 도로를 만드는 것이었다.

도로를 완성하기 무섭게 그들은 각종 관공서와 금융기관을 짓고, 일본 농공 상인들의 군산 진출을 적극적으로 독려하기 시작했다. 오늘날의 구 군산 세관, 구 나가사키 18은행, 구 조선은행 군산 지점이 그 흔적의 일부이다. 모두 1906년부터 1915년 사이에 지어졌다. 그리고 그 주변에 남아 있는 일제식 집들은 도시의 기초가 다져진 1916년 이후부터 1930년대 사이에 지어진 것들이다.

군산이 일제의 수탈 기지로 전락하면서 이곳에 거주하는 일본인의 숫자는 폭발적으로 늘어났다. 이 과정에서 자본력을 잃은 조선인들은 점차 군산항의 외곽으로 밀려나게 되고, 군산항의 중심지인 장미동, 영화동, 금동, 신흥동, 월명동 등의 금싸라기 땅에는 부유한 일본인 농공 상인들이 들어와 고급 주택을 짓고 막대한 부를 쌓기 시작했다. 군산 한복판에 일본인 전용 거주촌이 형성된 것이다.

이때 포목상으로 군산항에서 끗발 세우던 한 사람이 있었는데 그가 바로 히로쓰 요시사부로[廣津吉三郎]이다. 농장 대지주가 많았던 군산에서 보기 드물게 상업으로 부를 이룬 사람으로, 당시 군산 부협의회 의원을 지낼 정도로 영향력이 대단했다. 그는 미곡 취인소의 이사도 역임했다. 미곡 취인소란 현물 없이 쌀을 사고파는 곳이

▶ 일제가 조선을 합병한 후 군산에서 가장 먼저 행동으로 옮긴 것은 물자 수탈을 위한 격자형 도로를 만드는 것이었다.

다. 오늘로 따지면 증권거래소 같은 곳이다. 쌀이 곧 돈이었던 시절, 그곳은 군산의 경제를 움켜쥐고 있는 권력의 장이었다. 히로쓰가 단순한 포목상이 아닌 군산 경제의 실력자였음을 알 수 있는 부분이다.

히로쓰 가옥을 '히로쓰의 집'으로 알고 방문하는 사람은 의외로 많지 않다. 그리고 일제강점기의 역사적 가치를 지닌 문화재로 알고 오는 사람도 거의 없다. 오히려 이곳을 〈장군의 아들〉, 〈바람의 파이터〉, 〈타짜〉와 같은 굵직굵직한 대작들을 탄생시킨 영화 촬영지로 알고 있다. 주말만 되면 관광객으로 북적대는 가장 큰 이유 중 하나이다. 나 역시도 이 집을 처음 방문했을 때 영화 〈타짜〉의 이미지가 너무 강렬해서 주인공 고니와 평경장이 대화를 주고받던 장소부터 찾아다녔던 기억이 난다. 어찌 보면, 이 집에 대한 오늘날의 이미지는 집 자체로서가 아닌 영화 촬영지로 굳어진 게 아닌가 하는 생각도 해 본다.

신흥동 길로 접어들면 곧 붉은 빛깔의 담장이 눈에 들어오기 시작한다. 사람 나이로 따지면 아흔 살에 가까운 집이다. 전체 대지 375평에 건물 평수가 110평에 달한다고 하니 당시 히로쓰라는 사람의 권세는 실로 대단했으리라 짐작할 수 있다. 길을 따라 죽 이어진 담장을 따라가면 'ㄷ' 형태로 움푹 파인 곳이 두 군데 보인다. 이곳이 출입문이다. 한 곳은 본채로, 다른 한 곳은 별채로 이어진다. 대문을 전면에 내세우는 우리네 한옥과는 달리 문을 담장 사이에 감추고 있다. 집 앞에는 늘 관광객이 북적댄다.

"아니 문을 왜 이렇게 답답하게 만들었대? 사람 하나 들어가기도 힘드네."

출입문에서 심심치 않게 듣는 불평불만의 소리이다. 그리고 항상 들어갈 때마다 공감하는 바이기도 하다. 170센티미터 이상의 키를 가진 사람이라면 고개를 제대로 숙여야만 부딪히지 않고 들어갈 수 있는 아주 낮은 높이의 문이다. 문의 폭을 보아도 사람 한 명이 간신히 통과하기 알맞도록 지어졌다. 전통 가옥이라면 커다란 문이 양쪽으로 활짝 열리는 집을 떠올리는 한국인으로서는 더더욱 답답함을 느낄 것이다. 여기에서부터 그들과 우리가 생각하는 문에 대한 생각 차이가 나타난다.

우리는 집을 들어갈 때 처음 마주하는 문을 흔히 대문(大門)이라 부른다. 말 그대로 '큰 문'이다. 숭례문, 흥인지문을 일컬어 남대문, 동대문으로 바꿔 부르는 것도 그 이유이다. '대문이 커야 집안에 복이 들어온다' 또는 '대문짝만하다'와 같은 대문에 관련된 표현들이 있는 것도 대문을 크고 넓은 집안의 상징으로 여기는 우리의 정서를 고스란히 보여주는 것이라 생각한다.

그들은 대문 대신 현관(玄關)이라는 용어를 주로 쓴다. 그리고 우리네 집처럼 대문을 열면 탁 트인 마당이 펼쳐지는 경관도 보이지 않는다. 오히려 집 안으로 곧장 이어지는 또 다른 문이 있어 자연스레 집 안과 담장 사이의 풍경을 외부와 차단시킨다. 폐쇄적인 구조의 문은 마치 '허락된 자에게만 열려 있다'라는 의미를 간직한 듯 보인다. 유리로 된 현관과 창문에는 목재로 결구된 문살이 촘촘하게 덧대어져 있다. 외부와의 시선 차단을 의식했다고 밖에 볼 수 없다.

왜 이렇게 그들은 집 안을 보여주는 것에 인색한 것일까? 크게 두 가지로 이야기할 수 있다. 일본은 일찍부터 무사 문화가 발달한 나라이다. 이른바 사무라이 정신이라 일컫는 그들의 문화는 일본 중세 시대부터 싹트기 시작했다. '칼부림의 시대'라고 해도 과언이 아닐 정도로 무력을 가진 자가 지역을 거머쥐었고, 일본열도를 지배했다. 천황은 있었지만 형식에 머물렀고 실질적인 권력은 쇼군(將軍)*에게 있었다. 약육강식의 세계에서 수시로 전투가 벌어지고 기습이 자행되는 것은 새삼스런 일이 아니었다. 집이 조금이라도 안전하기 위해서는 당연히 방어적인 형태를 띨 수밖에 없었다.

일본 민속 중에 정월 보름 전날 밤에 하는 그들만의 풍습이 있다. 콩을 뿌리면서 '귀신은 밖으로, 복은 안으로'라고 주문을 외운다. 밖은 위험한 공간으로, 안은 안전하고 복된 공간으로 명확하게 구분 짓는 것이다. 여기서 안은 일본 말로 '우치(うち)', 우리말로 집 안을 뜻한다. 결국 모든 복이 집 안으로 수렴되기를 기원하는 것이다. 그들은 안팎을 연결하는 문보다는 집안 세계를 꾸미는 데 훨씬 더 관심의 무게를 두었다.

---

* 쇼군 일본 중세 에도 시대 도쿠가와 막부의 우두머리

▶ 본채 복도에서 바라본 정원의 모습. 정원은 높은 담장으로 둘러싸여 있어 오직 안에서만 감상할 수 있다.

▶ 현관에서 이어지는 긴 복도 양옆으로 장지문이 달린 방들이 빼곡히 늘어서 있다.

그들만의 방(屋)이 있다

집 안으로 들어서면 일자 형태의 좁은 복도가 양 갈래로 곧게 뻗어 있고, 복도 옆으로는 수많은 방들이 연결되어 있다. 이곳이 본채이다. 2층으로 된 건물인데 1층만 해도 방이 7개, 2층에도 방이 2개가 있다. 화장실, 욕실, 창고도 골고루 갖추어져 있다. 본채 옆으로 객실이 연결되어 있는데 이곳에는 방 2개와 화장실이 마련되어 있다. 집 전체가 오밀조밀한 방들로 꽉 차 있으니 뭔가 미로 속에 갇혀 있는 느낌마저 든다. 사람들은 이 집을 일컬어 일본 무가(武家)의 고급 주택 야시키[屋敷]라고 부른다.

야시키는 '집[屋]'이라는 의미와 '나누다[敷]'라는 의미가 합쳐진 말이다. 집을 쪼개고 또 쪼개어 세분화시킨다는 뜻이다. 이 용어가 재미있는 것은 '敷'라는 글자에 '이어지다'라는 의미도 담겨 있다는 점이다. 생각에 따라서는 집 안의 공간을 나눌 수도 있고, 한편으로는 이어지게 할 수도 있다는 이야기이다. 어째서 상반된 두 가지 의미를 함께 갖고 있는 것인지 궁금해진다. 그 해답은 방과 방 사이에 놓인 장지문에서 찾을 수 있다.

일본 집의 내부는 장지문에 의해 가변적 크기로 확대 축소되는 모듈화된 형식으로 현대건축의 인테리어에, 특히 업무 공간의 인테리어에 많은 영향을 끼쳤다. 그 공간은 비어 있는 것처럼 보인다. 그러나 자유롭게 비어 있는 것이 아니다. 그러한 공간까지 이러이러하게 쓰여야만 한다는 잠재적인 약속이랄까 눈에 보이지 않는 설정으로 메워져 있는 것이다. 우발적 선택성이 개입될 소지는 별로 없다. 비어 있는 것 같지만 실은 어떤 규범으로 가득 채워져 있는 것이다. 거기에는 한국인이 견뎌 내기 힘든 긴장이 있다. 무엇을 해도 될 것 같지만 무엇을 해도 마음이 편해지가 않은 것이다. '적당히'라는 개념이 그들의 사전에는 없다.

- 김기석의 '집 이야기' 중에서

히로쓰 가옥의 모든 공간이 장지문으로 철저하게 구획되어 있다는 점에서 위 구절은 꽤 공감이 간다. 장지문은 단순히 출입을 위한 여닫이문이 아닌, 공간을 사용하는 사람의 목적에 따라 늘이고 줄이고를 선택할 수 있게 하는 생활의 회로인 것이다. 형식적으로는 각 방이 구분되어 있는 것 같으면서도 이 문을 통해 언제라도 쉽게 하나의 공간으로 통합할 수 있는 유연적인 구조를 가지고 있다.

그렇다면 우리는 어떠한가? 방마다 각각의 출입문을 갖고 있다. 그리고 방과 방 사이는 문이 아닌 벽으로 구분하여 같은 안채에 있더라도 독립성이 보장된다. 방에서 방으로 이동할 때에는 장지문이나 복도가 아닌, 마당과 접해 있는 툇마루를 이용한다. 집 안 구조를 통해 개별성을 강조하는 한국인과 통합성을 중시하는 일본인의 문화 차이를 알 수 있다.

본채와 객실 사이에 난 가파른 계단을 올라서면 발걸음을 멈추게

▶ 본채 계단에서 바라본 2층의 모습. 간결하게 짜인 목재 구조와 난간의 모양새가 단순하면서도 긴박한 느낌을 전해준다.

만드는 진풍경이 펼쳐진다. 2층 창문에서부터 내리쬐는 햇살이 계단과 벽지에 은은하게 번지는 모습이 그야말로 한 폭의 그림이다. 간결하게 짜인 목재 창살과 난간의 모양새가 단순하면서도 후련한 맛을 전해준다. 기억에 남는 에피소드가 하나 있다. 어느 날 계단에 머물러 잠시 감상에 빠져 있던 찰나, 2층 복도에서 아이들이 이리저리 돌아다니는 소리가 들렸다. 아이들이 움직일 때마다 '삐걱삐걱' 하고 복도에서 심한 소리가 났다. 한 여자아이가 엄마에게 물었다.

"엄마, 여기 왜 이렇게 소리가 나?"

"옛날 집이라서 그렇지. 집이 오래되면 소리도 나고 그래. 자, 봤으니까 이제 내려가자."

단지 복도가 낡아서 소리가 나는 것이 아니다. 히쓰로 가옥은 오히려 소리를 통해 사전에 문제를 예방하고자 한 것이다. 이곳은 사무라이 저택이다. 주인은 적이 침입했을 때 위험에 노출된 것을 언제든지 감지할 수 있어야 한다. 발을 디디기만 해도 삐걱삐걱 소리를 내는 복도는 유사시 주변에 누군가 다가오고 있다는 것을 감지할 수 있는 훌륭한 보안장치인 것이다. 이것뿐만이 아니다. 1층 복도에 내려가 바닥을 한번 자세히 보면 몸을 대피할 수 있는 은폐 통로가 있다. 지금은 입구를 막아 그 안을 볼 수 없지만 히로쓰가 살던 때에는 나름의 기능을 했을 것이 분명하다.

집 안 곳곳의 장지문과 좁은 복도도 좋은 방어 도구가 된다. 여기저기 달린 방문들은 자신의 몸을 최대한 숨기고 이동하면서 적에게

▶ 걸을 때마다 소리가 나는 나무 복도는 유사시 보안장치가 된다.

▶접객실의 모습. 도코노마가 갖추어진 이곳은 토속신과 부처님을 모시는 신단의 공간이기도 하다.

민첩하게 대처할 수 있는 기능을 한다. 게다가 복도를 좁혀 놓으면 사방에서 접근할 수 있는 적의 숫자를 제한할 수 있는 효과도 볼 수 있다. 가수 '비'가 주인공으로 출연했던 〈닌자 어쌔씬〉이라는 할리우드 영화를 본 일이 있다면 알 것이다. 닌자들이 복도 하나를 두고 일대일 대결을 벌이다가도 불리한 상황에 처하면 장지문을 뚫고 반대편 방으로 대피한다. 격전을 벌이면서 문과 문 사이를 수십 차례 오가며 일대 칼부림이 벌어진다. 생활공간이 전투 시에는 훌륭한 전장이 된다.

접객실에 이르면 고풍스러운 도코노마를 만날 수 있다. 도코노마는 한 집의 부와 권위를 보여주는 공간으로, 여기에는 보통 족자, 화병, 인형, 고급 다기 등을 진열한다. 집의 이미지를 보여주는 하나의 미니 전시관으로 보면 될 것이다. 이곳은 손님을 맞이하는 접객실로 쓰인다. 의례상 손님은 도코노마를 등지고 앉고, 주인은 그 맞은편에 앉는다. 주객이 차를 즐기며 대화를 나누는 곳이다.

이곳은 토속신과 부처님을 모시는 신단의 세계이기도 하다. 지금은 옛 자취를 찾아볼 수 없지만, 본래 토속신을 모시는 가미다나[神棚]와 부처님을 모시는 불단(佛壇)으로 각각 구분되어 있던 공간이었다. 일본인들은 멀리 산세에 머물고 있는 신을 집 안으로 모셔와 함께 생활하며 집안의 평안과 복을 기원했다.

가미다나는 신의 형체 즉 신체(神體)를 줄이고 줄여 만든 '미니형 신체'이다. 본래 산속 깊숙한 곳에 자리한 신사(神社)에는 오쿠미야

[奥宮]라는 신체가 있다. 이것을 마을 바깥쪽으로 끌어온 것이 나카노미야[中の宮]이고, 한 단계 더 나아가 마을 안으로 모신 것이 사토노미야[里宮]다. 그리고 마침내 신체를 집 안으로까지 끌어들인 것이 바로 가미다나인 것이다.

불단도 예외는 아니다. 사찰 본당에는 즈시[廚子]라는 것이 있는데 상자 안에 상자를 집어넣어 만든 일종의 '미니어처 절'이다. 이것도 결국 집안을 지켜주는 상징물로 재탄생하는데, 도코노마 한편에 걸린 불화(佛畵)* 향로, 촛대들이 그 단서가 된다. 이렇게 멀리 떨어져 있는 신을 작게 만들어서라도 자신의 곁에 두어야만 마음이 놓이는 것이 일본인의 정서이다. 일찍이 이어령이 일본 문화를 '축소 지향적인 문화'라고 이야기한 것도 이런 특성에 따른 것이다. 그들만의 축소 문화는 도코노마 앞에 펼쳐진 정원에서 더 잘 나타난다.

그들만의 정원, 우리만의 정원

접객실에 걸터앉아 정원의 꽃나무를 감상하는 것도 집 감상의 묘미라 할 수 있다. 정원의 바닥에는 디딤돌을 깔아 오밀조밀하게 길을 내고, 정원 곳곳에는 크고 작은 자연석을 깔았다. 길 주변으로는 향나무, 소나무, 동백, 목련, 철쭉과 같은 나무를 심어 무성한 산림의 분위기를 연출했다.

---

*불화 불교의 내용을 그린 종교화

▶ 접객실 복도에서 바라본 정원. 활짝 핀 꽃나무와 상록수, 자연석이 오밀조밀하게 어우러져 있다.

산에는 산사(山寺)가 있는 법이다. 석등을 놓아두는 것도 잊지 않았다. 한편 정원 길에 유달리 굴곡이 많은 것은 이곳이 한때 연못이었다는 점을 말해준다. 일설에 따르면 히로쓰가 살던 때에는 연못에 잉어를 키우고 그 위로는 다리를 얹었으며, 정원 바닥을 온통 새하얀 자갈들로 채웠다고 한다. 과연 이 정원의 치밀함이 어느 정도였는지 가늠이 간다. 아쉽게도 지금은 그 연못 자리가 모두 메워져 물길의 흔적만 확인할 수 있을 뿐이다.

일본인에게 정원은 단순한 집 안 꾸미기를 넘어 집주인의 품격과 철학을 구현하는 의미를 갖는다. 정원 꾸미기의 핵심은 바깥세상의 자연을 본떠 그 모습을 집 안 정원에 고스란히 압축하여 표현하는 것이다. 일본 정원의 아름다움을 '축경(縮景)의 미'라고 이야기하는 것도 이러한 점에서이다. 바깥에서 보이는 집의 외관보다는 집의 내면을 아기자기하게 꾸미는 것에 중점을 두는 일본인의 정서가 정원 하나에 잘 나타난다. 이들에게 정원은 집주인의 얼굴이다.

그들은 매일같이 자신들이 가꾼 정원에 먼지 한 톨 보이지 않을 때까지 정성껏 쓸고 닦는다. 나무는 정교한 전지가위로 앙증맞게 다듬어 내고 자연석은 윤이 날 때까지 문지른다. 자연의 만끽이 아니라 가공이라고 하면 맞겠다. 웃지 못할 에피소드도 전해져 온다. 무로마치 막부의 8대 쇼군이었던 아시카가 요시마사[足利義政]는 정원 조경에 대단한 관심을 가진 자였다. 그런데 어느 날 정원사 5명이 정원수를 옮겨 심는 도중에 가지를 상하게 했다는 이유로 그 자

▶ 2층 난간에서 바라본 정원

리에서 그들 모두를 죽였다. 우리 입장에선 그저 혀를 내두를 일이다. 눈곱만큼의 하자도 용납하지 않는 신경질적인 면모가 그들의 자연관을 메우고 있음을 단적으로 보여주고 있는 것이다.

그런데 이 정원은 생각만큼 정교해 보이지 않았다. 정원수들을 자세히 들여다보면 제각기 자랄 대로 자라난 나무들이 한두 그루가 아니다. 자연석 주위에는 잡풀들이 제법 나 있다. 일본식 그대로 관리되고 있다고 보기 어려웠다. 우후죽순 피어난 나무 사이사이에는 사진 찍기 바쁜 한국인 관광객들로 가득 차 있다. 재미있는 것은 이들의 행동이다. 디딤돌이 있건 없건 개의치 않고 아무 나무나 붙잡고 갖가지 포즈를 취한다. 온 정원을 휘젓고 뛰어다니는 아이들도 꽤 보인다. 마치 현장학습 체험을 온 일행들 같다.

결코 우리의 자연보호 의식이나 문화 수준을 지적하려는 것이 아니다. 가령 옛 조선인이라면 이 정원 자리에 무엇을 두었을까? 십중팔구 앞마당이 있었을 것이다. 그렇다면 현재 우리의 마당에는 무엇이 있을까? 아무것도 없다. 그저 흙바닥일 뿐이다. 시골 외할머니 댁의 마당을 떠올려보면, 여름이면 평상을 두고 모여 앉아 수박을 나눠먹었다. 추수 때가 되면 마당에서 타작을 하고 콩을 턴다. 할머니 칠순에는 잔치가 열린다. 무언가 정해져 있는 공간이 아니다. 그때그때마다 여러 가지 활동을 할 수 있는 여백의 공간, 융통의 공간이다.

그렇다면 우리는 왜 일본인처럼 예쁜 정원을 집 안에 들이지 않았을까? 그것은 정원 꾸미기에 관심이 없었기 때문이다. 우리나라 풍

▶ 주말이 되면 히로쓰 가옥의 정원은 사진 찍는 관광객들로 온종일 붐빈다.

수지리 중에 배산임수(背山臨水)라는 말이 있다. 집 뒤에는 산을 두고 앞에는 물을 둔다는 이야기다. 바꿔 말하면 '뒷산이 곧 우리 집 정원이고, 앞개울이 우리 집 연못이다'라는 말이다. 우리 조상들은 있는 모습 자체로 이미 훌륭한 풍경이 완성되었다고 보았다.

이렇게 산, 집, 물이 삼위일체를 이루고 있는데, 굳이 밖에 있는 나무를 억지로 파내서 가져다 심고, 땅을 파서 연못 자리를 만들 필요가 전혀 없는 것이다. 물론 개중에는 집 안에 나무를 심는 경우도 더러 있었다. 그렇지만 일체 나무에 손을 대는 법은 없다. 그저 나무가 자라면 자라는 대로, 야생 꽃이 피면 피는 대로 내버려 두었다. 미의 기준으로 따진다면 방치의 멋이라 할 수 있다.

일본인이 자연을 집 안으로 끌어들인다면, 한국인은 자연을 만끽하러 집 밖으로 나간다. 말 그대로 넓은 들판과 강에 나가 뛰노는 문화이다. 조선 팔도의 유명한 강을 낀 계곡과 산에 꼭 하나씩 있는 정자(亭子)는 폼으로 있는 것이 아니다. 우리는 탁 트인 자연에 몸을 맡기는 것에 익숙해져 있다. 동요 중에 '동구 밖 과수원 길, 아카시아 꽃이 활짝 폈네'라는 가사가 있다. 집 밖에 활짝 핀 아카시아 나무의 꽃으로도 충분히 자연의 즐거움을 느끼는 우리네 정서가 듬뿍 담긴 노래이다. 우리가 '일본의 정원'에서 이렇게 신나게 뛰노는 이유도, 그들만큼 치밀하게 정원수를 다듬지 않는 이유도 이와 무관하지 않다고 생각한다.

반대로 일본인들은 집 안에 자기만의 세계를 구축하고 과시하는

▶ 본채의 뒤편으로 돌아가면 히로쓰의 금고로 쓰였던 창고가 나온다. 유독 이 건물만 시멘트로 지어졌다. 오로지 안에서만 출입이 가능한 폐쇄적인 구조로 이루어져 있다.

것에 굉장한 관심이 있었다. 일제강점기에 조선 반도의 사찰과 묘소에 있던 석상, 탑, 부도 등이 삽시간에 일본열도로 빠져나간 것은 단순히 그것들이 값비싼 돈의 가치를 갖고 있었기 때문만은 아니었다. 텔레비전에서 '국보급 유물이 일본의 어느 가정집 정원에서 발견되었다.'라는 뉴스를 들었던 일이 있을 것이다. 우리에겐 그저 절에 있어야 할 석탑이 그들에겐 집 안의 정원을 가꾸는 데 없어선 안 될 귀중한 장식품이었던 까닭이다.

메이지유신 이전까지 일본은 중국이나 한국처럼 문화를 전파하는 나라는 아니었다. 반대로 주변 국가로부터 문화를 전수받는 데 익숙한 나라였다. 서구 열강이 침략했을 때에도 중국과 한국은 국수적인 태도를 보였지만 유독 일본만큼은 급속도로 개방정책을 펼친 이유도 여기에 있었다. 선진 문물을 받아들이는 가운데에서도 특히 물(物), 물건에 대해 많은 관심이 있었고 그것이 일본인 특유의 수집벽으로 나타났다. 히로쓰도 예외인 사람은 아니었다. 이 집에 남아 있는 보물 창고가 이 점을 말하고 있다.

정원의 끝자락에 보면 시멘트로 된 2층 창고가 본채 뒤에 슬며시 가려져 있다. 이 창고가 바로 히로쓰의 옛 금고이다. 벽은 낡아 빠지고 창문은 뚫려 있다. 이미 오래 전에 그 기능이 멈춘 것 같다. 일화에 따르면, 해방 후 세관 직원들이 이곳에 왔을 때 엄청난 양의 고급 양주들이 보관되어 있었다고 한다. 이 공간은 오랜 시간 비밀의 장소로 쓰였을 것이 분명했다. 얼마나 많은 조선의 귀중품들이 이 금

▶ 복원 후 창고 내부 2층의 모습. 과거에 사용했던 문들이 보존되지 못한 채 이곳에 방치되어 있다.

고에 갇혀 있었을까. 관리인에게 창고 안을 구경해 볼 수 있는지 물었지만 아쉽게도 지금은 복원 중이었다.

80년 전 군산 일대의 지주급 일본인 치고 이런 창고 하나 갖고 있지 않은 사람은 없었다. 이 건축물 역시 일제강점기가 낳은 '아픈 시대의 산물'이다. 창고에 감추어져 있던 수많은 조선의 문화재들이 군산 앞바다의 부잔교를 건넜을 것이다. 세관을 매수하여 그것들을 은밀히 배에 태워 보냈을 것이다. 그리고 지금 그것들은 행방도 모르는 채 일본열도의 그 어딘가에 고요히 잠들어 있을 것이다.

"이것이 한국식 방입니다."

창고를 돌아 가옥의 뒤편으로 가면 재미난 풍경이 나타난다. 우리식 마당과 창고가 자리 잡고 있다. 창고 형태로 보아 곡식을 저장하고 농기구를 보관하던 장소로 보인다. 그 옆에는 우물과 장독대까지 마련되어 있다. 크고 작은 항아리가 옹기종기 모여 앉았다. 전형적인 한국 전통 가옥의 모습이다. 관광객들로 가득 찬 집 앞의 모습과는 달리 사람 한 명 보이지 않는다. 우리의 '뻔한' 풍경은 역시 인기가 떨어진다. 그러나 이 풍경도 되짚어 보면 결코 뻔하지 않다는 사실을 알 수 있다.

왜 일본식 집에 한국식 마당을 두었을까? 히로쓰가 죽은 이상 정확하게 그 이유에 대해서는 알 수 없다. 다만 조선 땅에서 살기로 작정한 이상 지역의 문화도 어느 정도 받아들이는 것이 생활의 편의에

▶ 히로쓰 가옥의 뒤쪽에는 넓은 마당과 장독대가 갖추어져 있다. 가옥 사이로 솟은 온돌식 굴뚝도 보인다.

도움이 되겠다고 생각한 게 아닌가 싶다. 자신들의 생활 문화를 고수하면서도 한편으로 실용적으로 도움이 되는 조선 문화를 선별하여 받아들인 것이다. 이 집의 굴뚝이 한 예이다.

이런 굴뚝이 있다는 것은 집에 온돌이 있다는 증거이다. 실제로 본채 1층의 일부와 객실에는 온돌이 깔려 있다. 한국은 일본보다 훨씬 춥다. 더위에 익숙한 일본인들에게 한국의 겨울은 끔찍 그 자체였을 것이다. 고타쓰(こたつ)와 화로만으로 이곳의 추위를 견디기에는 분명 한계가 있었을 것이다. 이로써 다다미와 온돌이 혼합한 집이 탄생했다.

난방시설이 취약했던 일본은 조선의 온돌에 대해 많은 관심을 갖고 있었다. 전해지는 일화 중 뉴욕 구겐하임 미술관(The Solomon R. Guggenheim Museum)을 설계한 것으로 유명한 미국의 건축가 프랭크 로이드 라이트(Frank Lloyd Wright)는 일본의 '제국 호텔' 설계 의뢰를 받고 도쿄를 방문했다. 추운 겨울 밤, 그는 일본 왕족의 초대를 받아 난생 처음 보는 집을 방문한다.

안내된 곳은 지푸라기를 엮어 만든 일본 방이 아닌, 바닥에 노란 종이를 바른 생전 처음 보는 방이었다. 신기한 것은 난방장치가 보이지 않는데도 방 안이 매우 훈훈한 것은 물론이고 바닥까지 따뜻했다. 라이트는 이 '신비의 방'에 감탄하면서 대체 이게 무슨 방이냐고 물었다. 주인은 "이것이 한국식 방입니다."라고 대답했다. 이 집의 주인은 조선 문화재 약탈의 선두에 있었던 오쿠라 기하치로[大倉喜

▶ 전형적인 일본식 방 안에는 다다미 대신 온돌 장판이 깔려 있다.

八郎였다. 그리고 그 집은 다름 아닌 조선의 경복궁에서 통째로 뜯어서 온 자선당(資善堂)이었다.

라이트는 이 온돌 장치에 크게 탄복했다. 그 뒤 고국에 돌아가 온돌 장치를 이용하여 바닥에 깐 돌 사이로 온수 파이프를 통하게 하는 패널히팅(Panel heating) 방법을 개발하여 그의 주택 작품 전반에 응용했다. 그리고 오늘날 우리는 그 패널히팅을 다시 역수입하여 쓰고 있다. 오쿠라의 만행은 매우 괘씸하지만, 결과적으로는 한국의 온돌 문화를 미국 대륙에 알리게 된 계기가 된 셈이다.

조선의 온돌을 응용한 것도 모자라 아예 온돌 집 전체를 일본으로 옮겨 기념물로 삼기까지 했으니 그들의 희한한 수집벽에는 두 손 두 발 들어야 할 판이다. 그들은 진귀한 것이라고 생각되면 도굴, 강탈, 강매, 밀수, 구매할 것 없이 모든 수단을 동원해 전부 열도로 보냈다. 그리고 자신의 집 안에 그것을 꽁꽁 감추고 보물로 삼았다. 그렇게 오늘날 그들의 가보(家寶)로 대대손손 전해오는 조선의 물건들이 한둘이 아니다.

여기서 우리는 지난 수천 년 동안 무참히 자행되어 온 일본의 근본적인 한반도 침탈 야욕을 되짚어 보아야 한다. 애초부터 그들은 섬사람이었다. 고립된 존재였다. 무언가 새로운 것을 알고 배우기 위해서는 거친 풍랑을 거쳐 목숨을 걸고 대륙으로 넘어가야만 했다. 갖은 약탈과 노략질 끝에 얻은 대륙의 물건은 열도로 넘어오면서 엄청난 희소가치를 지닌 보물이 되었다. 조선 민가에서 쓰는 사발 그

릇도 일단 열도로 넘어오면 지역의 성(城) 하나와 맞바꿀 수 있을 정도의 최고급 다기로 인정받았다.

일제강점기 시절, 군산의 일제 대농장 지주들은 군산과 본국에 각각 집을 두어 대개 집이 두 채였다. 군산을 점령하고 어마어마한 땅을 소유로 두었어도 그들에게 이곳은 어디까지나 외국이었다. 앞서 본 구마모토 별장이 좋은 예가 되겠다. 안(일본)과 밖(조선)을 명확히 구분하는 것이다. 밖에서 싹쓸이한 보물은 안으로 모여 개인의 철학과 품격을 보여주는 컬렉션(Collection)으로 재탄생했다. 끝을 모르는 일제의 문화재 강탈의 깊은 내면에는 내가 갖고 있지 못한 남의 것에 대한 '문화적 열등감'이 박혀 있다.

그들의 내외 구분은 집이라는 공간에서도 그대로 반영된다. 폐쇄적인 문, 미로 같은 방, 자기만의 세계인 정원, 감추고 보여주지 않는 보물 창고 등 안으로 수렴되는 것들이 너무나 많다. 무언가 열어 놓고 공개하기엔 너무나 불안한 나만의 세계인 것이다. 친분이 생기면 이 집 저 집 시원하게 넘나드는 우리의 정서와는 달리 폐쇄적이고 신경질적인 생활 의식이 히로쓰 집에 담겨 있다.

차(茶)와 사람이 만나는 곳, 사가와 가옥

소통의 눈으로 바라보기

홍차 카페로 더 잘 알려진 곳

맛집 블로거들 사이에서 '군산 필수 맛집 코스'로 소리 소문 없이 퍼지고 있는 곳이 있다. 일명 '사가와[佐川]'라는 홍차 카페다. 홍차의 맛이 뛰어나고 종류가 다양한데다가, 군산의 대표 맛집 복성루와 빈해원에서 기름진 음식을 맛본 후 산뜻한 디저트로도 안성맞춤이다. 이 홍차 카페의 정확한 위치를 찾아낼 수 있었던 것도 맛집 블로그의 후기를 통해서였다.

집 탐방이 목적이라고는 하지만 '예쁜 것'에 먼저 눈길이 쏠리는 건 어쩔 수 없는 모양이다. 처음 영화동 골목길에 접어들었을 때 단번에 눈을 사로잡았던 것은 담장 위로 고개를 내민 낡은 기왓장보다는 고풍스러운 회색 벽돌과 고동색 유리창살이 아름답게 어우러진

▶ 허름한 골목길 가운데 독특한 인테리어와 홍차 향기로 사람들의 눈길을 끌고 있는 사가와 카페. 오른쪽으로 사가와 가옥이 보인다.

카페의 모습이었다. 그도 그럴 것이 지금까지 돌아본 군산의 거리는 새것과 화려함과는 거리가 먼 낡은 것에서 묻어나는 색 바랜 이미지가 너무나 강렬했기 때문이다. 홍차 카페는 회색빛 건물로 뒤덮인 골목길 속에서 유일하게 반짝인다.

카페 문을 열고 들어가면 그윽한 홍차의 향이 풍긴다. 햇살이 좋은 날에는 창가 쪽으로 앉는 것이 좋다. 종종 들를 때마다 얼그레이 한 잔을 주문한다. 맛과 향이 일품이거니와, 편안한 분위기 속에서의 휴식은 달콤 그 자체이다. 사진기를 들고 카페의 여기저기를 담고 있는 사람들을 보고 있는 것도 심심치 않은 구경거리이다.

그런데 이곳의 진짜 구경거리는 따로 있다. 이 카페에 붙어 있는 일본식 정원이다. 조금이라도 유심히 카페를 살펴본 사람이라면 한쪽에 정원으로 연결되는 문 하나를 발견할 수 있을 것이다. 그러나 많은 사람들이 이 문을 의식하지 못하거나, 알면서도 나가지는 못하고 살짝 얼굴만 내밀어 보고 가는 정도로 그치고 만다. 이 문을 열고 나가면 카페가 왜 지어졌는지, 그리고 카페 옆에 붙어 있는 일제식 집은 어떤 이야기를 담고 있는지 알 수 있는 단서들이 나타난다.

히로쓰 가옥보다 더 정교한 일본식 정원이 이곳에 있다

새하얗게 펼쳐진 조약돌, 깔끔하게 다듬어진 상록수, 고고하게 자리를 지키고 있는 5층 석탑과 석등롱이 한눈에 들어온다. 석탑 옆으로 자연석을 둥글게 둘러쳐 만든 치센[池泉]*이 있고, 뒤쪽에는 동자석 하나가 묵묵히 연못을 내려다보고 있다. 군데군데 피어난 크고 작은 꽃들이 정원의 아름다움을 한껏 더해준다. 히로쓰 가옥보다 규모면에서는 작지만 갖출 것은 다 갖추었다. 카페의 문 하나만 열었을 뿐인데 전혀 다른 신세계가 펼쳐진다. 쓰보니와[坪庭]라는 전형적인 일본식 정원이다.

쓰보니와라는 말에는 안과 밖의 명확한 구분 의식이 담겨 있다. 정원의 울타리 밖은 혼란스러운 속세를, 울타리 안은 속세를 벗어난 평화스러운 자연 세계를 뜻한다. 집 전체로 따져 봤을 때 정원은 집 안으로 들어오기에 앞서 바깥의 더러움을 씻어내는 중간계라고 할 수 있다. 그렇다면 그들은 왜 속세를 더러운 곳으로 생각하고, 정원을 세상과 차단된 울타리라 생각했을까? 그것은 쓰보니와의 탄생이 전쟁의 후유증에서부터 시작되었기 때문이다.

1467년 일본에서는 오닌노란(應仁の亂)이 일어났다. 가마쿠라 막부 6대 쇼군 아시카가 요시노리[足利義教]가 살해된 후 쇼군의 자리를 두고 전국의 무사 집단이 크게 둘로 나뉘어 일대 전쟁이 붙었다. 이 과정에서 도읍지인 교토가 거의 폐허로 변했다. 보이는 것이라고는 잿더미가 전부인 상황에서 서민들은 집 안에서나마 작은 평화를 지키기 위해 울타리를 치고 정원을 꾸미기 시작했다. 이것이 쓰보니와의 출발점이다.

＊ 치센 연못

▶ 사가와 가옥 내 정원의 모습. 홍차 카페의 옆문을 열고 나가면 쓰보니와 형식의 일본식 정원이 나타
난다. 뜰 안에 물, 돌, 나무, 경물(景物) 네 가지 요소가 적절히 어우러져 일본식 특유의 정원 미를 발
산하고 있다.

▶ 다실로 이어지는 로지(露地)의 모습. 디딤돌을 점점이 깔아 길을 내는 도비이시[飛石] 형식을 응용한 것으로, 길 주변에는 하얀 조약돌을 촘촘히 메워 정갈한 분위기를 연출했다. 손님은 다실로 통하는 이 길목에서부터 몸과 마음을 깨끗이 해야 한다.

쓰보니와는 초대받은 손님이 다실(茶室)에 들어가기에 앞서 마음을 정화하기 위한 일종의 준비 장소이다. 속세의 더러움을 씻어내기 위해서는 단순히 자연을 감상하는 것만으로는 부족하다. 연못의 가장자리에 보면 맑은 물이 담긴 초즈바지[手水鉢]라는 돌그릇이 놓여 있다. 손님은 이 물로 깨끗이 손을 씻는 성스러운 의식을 꼭 치러야 한다. 주인은 손님이 오기 전에 들어올 길목에 미리 물을 뿌려 놓는 것을 잊지 않는다. 이 의례는 차를 마시는 도중과, 손님이 떠나기 직전에도 이루어진다. 물은 주인과 손님의 마음을 이어주는 하나의 연결 고리이다.

걸어 들어오는 길이 더러워지는 것도 용납할 수 없다. 대문에서부터 현관 앞까지 이르는 길에 점점이 디딤돌을 깔아 흙이나 빗물 등으로 주변이 흐트러지는 것을 막았다. 현관 앞에는 재액을 물리치는 남천나무를 심었다. 집 안으로 통하는 정원 길목에 속세의 번잡을 걷어내기 위한 요소들이 곳곳에 자리하고 있다. 이 길과 주변의 정원을 통틀어 로지(路地)라고 부른다. 메이지 시대의 대표적인 지식인 오카쿠라 텐신[岡倉天心]은 로지에 대해 말했다.

로지는 명상의 첫 번째 단계인 '자기를 비추는 길'을 나타낸다. 로지는 바깥 세계와 맺고 있던 관계를 끊고, 다실 그 속에서 온전한 미적 즐거움을 누릴 수 있도록 신선한 느낌을 갖게 해준다. 마른 솔잎이 깔려 있는 상록수의 어슴푸레한 빛 속에서 불규칙한 채로 고르게 나란히 놓여 있는 섬돌을 걸으며 이끼 낀 석등 곁을 지날 때에 말이다. 비록 도시 한복판에 있어도 문명의 먼지와 소음으로부터 멀리 떨어진 숲 속에 있는 것처럼 느껴진다.

- 오카쿠라 텐신, 『차의 책』 중에서

　도시 한복판에서도 일단 로지에 들어오면 고요한 산중에 있는 것과 같은 마음가짐을 가져야 한다는 이야기이다. 발걸음 역시 조심하지 않으면 안 된다. 반드시 섬돌을 따라 조심스레 걸어 들어가야 한다. 이것이 다회(茶會)에 참석하는 사람의 기본적인 자세이다. 그렇다면 이 정원을 가꾼 사람은 누구일까? 일본 다도와 정원에 대해 깊은 안목과 내공을 지닌 사람임에는 틀림없다. 이곳은 히로쓰 가옥처럼 문화재로 지정된 가옥일까? 아니면 시에서 관리하는 전시관일까? 이 집의 정체는 도대체 무엇일까? 다음의 단서는 집 안의 다실에서 찾을 수 있다.

사가와에는 다도(茶道) 정신이 담겨 있다

　8월의 불볕더위가 한창 기승을 부리던 2012년 여름, 이 집에 처음 방문했던 기억이 생생하다. 땡볕 아래서 한참 동안 정원 구경만 하다 지쳐 있던 찰나, 무심코 현관문을 바라보니 활짝 열려 있는 것이 아닌가. 망설일 것도 없이 자연스럽게 신발을 벗고 집 안에 들어갔다. 좁은 복도에 올라 사뿐사뿐 모퉁이를 도는 순간 깜짝 놀랄 진

▶사가와 가옥 입구의 모습.
반쯤 열린 문 사이로 보이는
도코노마의 자리에 세련된 예술품이
진열되어 있다.

풍경이 펼쳐졌다. 히로쓰 가옥에서 본 것과는 전혀 다른 느낌의 일본식 다실이 갖추어져 있었다. 그리고서 이 집이 문화재도 전시관도 아니라는 사실을 곧 알게 되었다. 이 집의 주인인 유희주 선생이 모습을 드러냈기 때문이다.

느닷없는 불청객의 방문에도 선생은 별 놀라는 기색 없이 능숙하게 나를 맞이했다. 이렇게 우연찮게 집 안에 들어오는 사람들이 종종 있는 모양이다. 잠시 인사를 주고받으니, 선생은 준비라도 한 듯이 집이 간직하고 있는 이야기를 차근차근 해주셨다. 1930년대에 지어진 이 집은 일본의 목재를 공수하여 일체 못을 사용하지 않고 결구 기법만으로 완공했다. 본래 집주인은 군산에서 전당포를 운영하던 일본인이었다. 해방 후 나씨라는 인물이 이 집을 인수했고, 이후 선생의 부친이 다시 매입했다.

유감스럽게도 이 집 역시 일제강점기의 기록은 거의 남아 있지 않았다. 하지만 80년 전, 금싸라기 땅이었던 영화동 대지를 무려 170평을 사들여 고급 주택을 지은 점을 생각하면 본래 이 집 주인은 평생 군산 땅에 눌러앉을 생각을 품고 있었던 것 같다. 주인이 이 집을 얼마나 애지중지했는지는 천장에 달려 있는 란마의 내용을 통해 알 수 있다.

란마는 본디 채광과 통풍을 위해 천장과 미닫이문 사이에 낸 교창이다. 고온 다습한 일본열도의 기후를 고려하여 만든 것이지만 시간이 흐르면서 점차 갖가지 무늬와 장식이 입혀지고 어느덧 집의 권세와 부를 과시하는 하나의 상징물처럼 자리 잡게 되었다. 이곳 란마에는 다회를 열 때 필요한 여러 차제구의 모양이 음각, 양각, 투각으로 섬세하게 새겨져 있다. 다도를 사랑한 집주인의 마음을 살필 수 있다.

쓰보니와가 속세의 어지러움을 막아주는 '마음의 병풍'이라면, 다실은 속세와 단절된 '마음의 안식처'라 할 수 있겠다. 손님은 일단 다실에 들어가면 먼저 도코노마 앞에 가서 족자와 화병의 꽃에 깊은 경의를 표한다. 도코노마에 올려진 물건은 곧 주인의 얼굴이고 철학이기 때문이다. 여기에 간결한 직선 분할의 미를 보여주는 도코노마가 그대로 남아 있다.

도코노마와 꽃에 관한 유명한 일화가 있다. 16세기 일본 다도 역사에 큰 획을 그은 리큐[利休] 대사는 자신의 뜰에 나팔꽃을 키우는 것을 즐겼다. 당시 나팔꽃은 일본에서 진귀한 식물로 통한지라 이 정원의 명성은 곧 도요토미 히데요시[豊臣秀吉]의 귀에까지 들어갔다. 히데요시가 나팔꽃을 보고 싶다고 하자 리큐는 그를 집으로 초청하여 다회를 열기로 했다.

그런데 히데요시가 그 모임에 도착해서 보니 만발했던 나팔꽃은 누군가가 모두 따고 한 송이도 남아 있지 않았다. 격분한 히데요시가 급히 다실로 들어가니 단 한 송이 나팔꽃만이 도코노마에 놓여 있었다. 리큐는 자연에 핀 수백 수천의 꽃송이를 단 한 송이로 표현하는 것이 도코노마의 진정한 아름다움이라고 생각했다. 일본 다실

▶ 다실(茶室)의 모습. 80년 전 옛 모습의 흔적들이 고스란히 남아 있다.

에서 차지하는 도코노마의 존재감은 가히 절대적이라 할 수 있다.

도코노마의 감상이 끝나면 손님은 제각각 자신의 자리에 앉아 찻물이 끓을 때까지 침묵을 지킨다. 차가 끓을 때까지 주인은 그 방에 들어가지 않는다. 다회가 끝나고 주인이 차샤쿠(茶杓)*를 거두면 손님 중의 상객(上客)은 '다기와 차샤쿠를 보여주십시오.'라고 말하고 모두 차 도구 감상에 들어간다. 이렇게 다회라는 것은 물건을 보는 것으로 시작하여 물건을 보는 것으로 마무리된다. 일본인에게 다도란 관념적인 것보다는 구체적인 물건을 통해 표현되는 문화양식이다. 다실 한쪽에 마련된 수많은 다기들이 그것을 말하고 있다.

이 집을 꾸준히 방문하면서 의아했던 점이 한 가지 있다. 이렇게 일본 전통의 향내가 물씬 풍기는 다실에서 한 번도 일본 다도의 예법에 따라 차를 마시기를 권유받은 적도 없거니와, 일본 전통 차를 대접받은 적은 더더욱 없다는 사실이다. 선생은 알록달록한 현대식 찻잔에 대추차나 한방차를 내어주길 즐겨하셨다. 이유를 여쭤보니 선생은 담담하게 웃으며 짧은 이야기만 하셨다.

"시대마다 새로운 정신이 나타나면 거기에서 새로운 문화가 꽃피잖아요. 차도 마찬가지라고 생각하거든요. 차는 항상 그대로지만 차를 만들고 음미하는 사람의 생각은 시대마다 다르죠. 지금 여기에서 차를 마시는 사람들은 우리잖아요. 우리에게 맞는 차를 마시면 되

* 차샤쿠 말차를 퍼서 담는 차 숟가락

▶ 일본인 전당포 주인이 남긴 도코노마의 자리이다. 오늘날 이곳은 유희주 선생의 미적 안목에 따라 아름다운 전시 공간으로 거듭났다.

고, 거기에 따라서 차의 예법을 자연스럽게 만들어 가면 되는 게 도리에 맞겠죠."

사가와라 불리는 이유, 사가와를 지키는 이유가 있다

이 집이 왜 사가와 가옥으로 불리는가에 대해 물었을 때, 선생은 도코노마 옆에 놓인 작은 철제 금고를 가리켰다. 한눈에 봐도 오래된 물건임이 틀림없었다. 금고의 상표 마크에는 'SAGAWA KINKO 〈S〉 MADE IN JAPAN'이라고 박혀 있다. 이 집이 사가와라는 별칭을 얻게 된 것은 바로 이 금고의 상표명에서 비롯된 것이다. 선생은 이 금고가 본래부터 이 자리에 있었던 것으로 일본인이 남긴 유일한 물건이라고 했다. 추측해 보건대 나는 이 금고가 귀중품 보관의 목적으로 크게 쓰였을 것 같진 않아 보였다. 그보다 다실 감상의 차원에서 이 집의 부와 권세의 상징물로 손님들의 눈요깃감이 되지 않았을까 하는 생각에 무게가 실렸다. 더 흥미를 끌었던 건 사가와라는 단어에 대한 선생의 생각이었다.

"사가와라는 단어에 대해서 오랫동안 생각을 했어요. 단순히 이 집의 발음상 별칭으로만 남기기에는 아쉬움이 컸거든요. 한자로 다시 해석해 봤죠. 그랬더니 '도울 좌(佐)'에 '내 천(川)'이 나오는 거예요. 이걸 잘 풀이하면 '차(茶)를 받들다'라는 뜻으로도 쓰일 수가 있겠더라구요. 차 하나에도 모든 정성을 기울인다는 그런 의미로 생각해 볼 수 있어요. 우리가 지금 있는 곳이 다실이잖아요. 진짜 의미가 통하게

▶ 일본인 전당포 주인이 사용했던 옛 철제 금고

된 거죠."

그들이 남긴 다실에 선생의 다도 철학이 세워졌다. 다실 왼쪽에는 에도 시대의 산물 도코노마가 있다. 가운데에는 일제강점기의 산물 철제 금고가 놓여 있다. 오른쪽 옛 불단 자리에는 선생의 피아노가 있다. 전통, 근대, 현대가 한자리에 모여 시대의 흐름이 자연스레 펼쳐졌다. 남긴 자의 집이기도 하지만 사는 자의 집이기도 하다. 아니, 사는 자의 관점에 따라 새로이 해석된 옛집이라 하는 편이 옳겠다.

사가와 가옥을 포기하지 않고 지금까지 지켜 낼 수 있었던 데에는 남다른 사연이 있다. 선생에게 이 집은 단순히 일본 미학이 담겨 있는 옛 건축물 이상의 의미를 갖고 있는 곳이다. 이곳은 선생의 사춘기 시절이 고스란히 남아 있는 추억의 공간이자 회상의 공간이다. 그리고 집에 대한 애정의 한가운데에는 아버지라는 존재가 있다.

두 딸을 두었던 아버지는 자식들의 학업을 위해 인근의 작은 마을에서 군산 시내로 집을 옮겼다. 자식들이 통학의 어려움을 겪지 않고 군산의 좋은 학교에서 공부할 수 있도록 내린 결정이었다. 여성이 교육의 대상에서 소외되던 시절, 선생의 아버지는 '배움에는 남녀 구분이 없다'라는 확실한 교육관을 갖고 두 딸을 적극적으로 지원했다. 이 집으로 이사 온 후 아버지에 대해 가장 인상 깊은 기억이 무엇인지 물었을 때, 선생은 문득 정원 이야기를 꺼냈다.

"아버지는 정원을 끔찍하게 아끼셨어요. 매일같이 쓸고 닦으시고 가지치기 작업도 어찌나 꼼꼼히 하셨는지 아침에 나와 보면 앞뜰 뒤

▶ 사가와 가옥 뒤뜰의 모습. 선생의 부친이 생전 손수 심고 가꾼 것을 선생이 이어받아 오늘의 모습에까지 이르게 되었다.

뜰이 반짝반짝했어요. 아버지는 좋은 식재(植栽)*, 좋은 자연석을 알아보는 안목이 굉장히 높으셨어요. 어떻게 포석을 두는가에 따라서 정원이 달라진다는 것도 정확히 알고 계셨죠. 주말만 되면 집에 돌이랑 꽃나무 나르는 인부들이 북적북적했어요. 아버지 친구 분들 중에도 일부러 정원 구경 오시는 분들도 많았구요. 다실에 손님이 끊이질 않았어요."

유년기 시절, 선생은 아버지의 정원 사랑을 지켜보며 자랐다. 대학에 들어가게 되면서 선생은 이 집을 떠나 서울로 올라왔다. 중국이 중공이라 불리던 당시, 선생은 중국어를 전공했다. 그리고 대만으로 유학을 떠났다. 대륙의 문화를 이해해야 세상을 보는 눈이 넓어진다는 아버지의 권유에 의해서였다. 선생은 그곳에서 수많은 중국 문화를 접했고, 다도 문화에 관한 서적들을 접할 기회가 생겼다. 선생은 귀국 후에도 다도를 놓지 않고 꾸준히 공부를 이어갔다. 이것은 고향 집의 다실을 그리워하게 된 하나의 계기가 되었다.

"일본어 전공을 한 남편이랑 같이 서울에서 교편을 잡게 됐어요. 자연히 아버지가 돌아가신 뒤에는 이 집에 어머니만 홀로 남게 된 거죠. 종종 내려와 본다고는 하지만 아버지 생전처럼 집을 관리한다는 건 너무 힘들었어요. 집에 사람이 살지 않으면 집이 죽잖아요. 집의 일부를 세를 내서 유지하려고도 했지만 이 집을 이해하고 애정을

＊식재 초목을 심어 재배함.

갖는 사람이 없어서 마음고생도 심했어요. 아버지가 남긴 중요한 유산이잖아요. 저렇게 내버려둬서는 안 되겠다는 생각이 깊어지더라구요. 그런데 천만다행으로 남편이랑 제가 군산에서 교편을 잡을 수 있는 기회가 생겼어요. 다시 집으로 돌아올 수 있게 된 거예요."

선생이 서울 생활을 접고 사가와 가옥에 돌아왔을 때, 이미 많은 것들이 변해 있었다. 세입자들이 집의 가치를 모른 채 무심코 생활한 까닭에 집안 곳곳이 훼손되었고, 앞뜰과 뒤뜰의 모습은 기운이 다한 지 오래였다. 주변 사람들은 한결같이 '헌 집을 들어내고 새 집을 세우라'는 이야기만 했다. 하지만 이런 악조건 속에서도 선생은 결코 '헌 집'을 포기하지 않았다.

선생은 이 집의 중요한 틀이 아직 원형대로 남아 있다는 점을 다행으로 생각하고, 가족들과 함께 다시 집을 가꾸기 시작했다. 나무 기둥에 박혀 있던 못을 모두 빼내고, 묵은 때를 벗겨 냈다. 도코노마에는 병풍과 꽃이 제자리를 찾았고 소박한 다기들이 놓였다. 방치되었던 정원의 상록수와 꽃나무에 생기를 북돋아주고, 연못에는 맑은 물을 채워 넣었다. 새하얀 조약돌을 정성껏 깔아 정원의 아름다움을 한껏 더했다. 그때부터 마을 주민들은 이 집을 다시 보기 시작했다.

집이 제 모습을 찾는데 적지 않은 시간이 걸렸고, 적지 않은 비용이 들었다. 자신보다 나이가 많은 집을 관리한다는 것은 결코 쉽지 않은 일이었다. 작년 겨울, 이 집을 다시 찾았을 때 보온재로 꼼꼼하게 마감되어 있는 다실의 모습을 볼 수 있었다. 추위에 집이 상하지

▶ 사가와 가옥의 주인인 유희춘 선생

않도록 수시로 전기난로를 켜는 것도 잊지 않았다. 선생은 온몸으로 집을 지켜내고 있었다.

이토록 집을 아끼는 이유가 무엇인지 물었다. 선생은 '집은 생긴 모양대로 가꾸어야 진짜 집이다.'라는 아버지의 생전 뜻을 이어가고 싶다고 했다. 집을 집처럼 가꾸겠다는 다부진 포부이다.

소통과 단절 사이에 놓인 집

다실을 둘러싸고 있는 좁다란 복도를 따라가다 보면 머지않아 굳게 닫힌 철문이 나온다. 높이는 2미터가 훨씬 넘고, 그 두께만 해도 족히 50센티미터가 넘는 거대한 문이다. 이 '비밀의 문'을 열고 나가면 2층으로 된 창고가 나온다. 밖에서 들어오는 문은 없다. 오직 집 안에서만 출입이 가능하도록 만들어졌다. 모양이나 크기에서 히로쓰 가옥의 창고와 크게 다르지 않다. 하지만 이곳은 사람이 살면서 사용한 까닭에 비바람을 피할 수 있었고, 내부의 모습도 옛 원형을 유지할 수 있었다.

창고 1층의 마룻바닥을 자세히 들여다보면 지하로 통하는 출입구의 흔적이 보인다. 일제강점기 때 대피소의 역할을 했던 통로이다. 2층으로 올라가는 계단의 벽면은 붙박이 벽장인 오시이레(おしいれ)로 이루어져 있다. 지진이 잦아 가구보다는 벽장을 선호하는 일본열도의 습성이다. 창고의 형태로 보나 규모로 보나 조선에서 강탈한 귀중품들을 보관하던 장소임이 틀림없어 보였다. 80년이 지나

▶ 육중한 철문을 열고 들어가면 2층 창고가 나타난다. 오로지 집 안에서만 출입할 수 있는 폐쇄적인 구
조로 이루어져 있다. 일제 당시 강탈한 조선의 문화재와 귀중품을 보관한 장소로 추정된다.

도 꿈쩍 않고 버티고 서 있는 이 건물만큼 보물 수집에 대한 그들의 집착도 끝을 몰랐을 것이다. 이와 비슷한 창고를 갖고 있던 또 한 사람이 있다. 군산의 옛 농장 대지주 시마타니 야소야[嶋谷八十八]이다.

군산 발산 초등학교 뒤편에서 그의 창고를 본 일이 있다. 집은 없고, 창고의 외형만 남아 있었다. 그곳에도 이곳과 같은 육중한 철문이 있다. 창고 상표는 'MADE IN USA'이다. 제2차 세계대전 이전 미국에서 들여온 보안장치이다. 쇠사슬에 비밀번호까지 달려 있다. 그는 지독한 문화재 강탈자였다. 전국 각지에서 닥치는 대로 조선의 문화재를 훔쳤다. 도가 지나치자 조선총독부에서도 일부 문화재에 대해 반환을 요청할 정도였다. 그러나 그는 모두 자신의 소유라며 끝까지 우기고 내주지 않았다.

식민지에서 부와 명예를 꿈꾸고 이 땅에 정착한 그들에게 일본의 항복은 청천벽력 같은 소식이었을 것이다. 두고 떠나기에는 그동안 닦아 놓은 삶의 터전이 너무나 컸기 때문이다. 시마타니는 결국 떠났다. 그러나 그의 아들은 군산에 남겠다고 고집을 부렸다. 심지어 한국인으로 귀화해서라도 이 땅에 남겠다고 호소했지만, 미군정은 이를 거절했고, 그 역시 일본으로 돌아가야 했다.

해마다 군산을 찾는 일본인들이 꽤 많다는 이야기를 종종 들었다. 그런데 한 가지 인상 깊었던 것은, 방문객 중 어렸을 때 자신이 살던 자취를 살펴보기 위해 이곳을 찾는 노인들이 적지 않았다는 점이다.

▶ 밖에서 바라본 2층 창고의 모습

그들은 일본인이다. 그러나 일본에서 태어나지 않았다. 그들의 고향은 어디까지나 군산이다. 그 사실은 변하지 않는다. 어린 시절 집에 대한 어렴풋한 기억과 향수를 그리워하는 그 마음만큼은 우리나 그들이나 크게 다를 바가 없지 않을까? 선생은 이 집을 찾아오는 일본인에 대해 말했다.

"이 집을 찾아오는 일본인들은 자세부터가 달라요. 몇 시간 동안이고 온 집을 찬찬히 살피면서 하나하나 사진으로 남기고 꼼꼼하게 메모해요. 다 둘러보고 나면 일행이 다 같이 모여서 토론도 하구요. 자신들과 조상들이 예전에 이곳에서 어떻게 살았었는지 기억을 더듬는 것 같아요."

무엇을 기억하려는 것일까? 그들에겐 유감일 수 있겠지만 지금 이 창고엔 보물도, 문화재도 없다. 1층에는 선생의 가족이 사용하는 생활 물품이 가지런히 정돈되어 있고, 2층의 책장에는 남편과 아내의 책이 빼곡하게 차 있다. 생활의 융통과 편의에 맞게 옛 공간을 새로이 단장했다. 딱 보기에는 일반 가정의 서고와 같은 느낌을 줄 뿐이다.

"창고를 그렇게 유심히 보고들 가요. 어떤 구조로 지어졌는지 일일이 다 만져 보면서 살펴봐요. 그런데 그냥 보고 가질 않아요. 묵념하는 사람도 있고, 조용히 무릎 꿇고 기도하는 사람도 있어요. 자신들 조상이 잘못했다는 점을 인정하고 저한테 사과하는 분도 봤어요. 이렇게 해마다 일본 사람들이 찾아와서 집을 보고 이야기를 나누고

가니까 이 집을 더 포기할 수 없어요."

자신의 뿌리를 찾아오거나, 일제의 만행을 깨닫고 뉘우치는 사람들이 있다. 그들을 두고 '일본제국의 옛 번영을 기리는 방문자'로 마냥 몰아 부칠 수는 없겠다는 생각이 든다. 그들이 남기고 떠난 집은 '일본제국의 번영'으로 기억되기보다는 일제의 잘못을 있는 그대로 보여주는 것 같다. 또한 그들 스스로 느끼고 깨닫게 할 공간이 될 수 있지 않을까?

지금 이곳은 문화재의 사각지대에 놓여 있다. 새로운 역사의 장을 만들어 갈 수 있는 좋은 조건을 갖추고 있지만 외부에 쉽게 드러나지 않는다. 부분적으로 집을 증축, 개조하여 사용한 결과 원형의 충실성이 떨어진다는 이유로 문화재 대상에서 제외되었기 때문이다. 80년 세월을 간직한 일제 기와는 더 이상 눈비를 막을 힘이 없어 보인다. 옛 모습 그대로의 창문은 낡고 떨어져 지지대를 받쳐야만 한다. 더욱이 재작년 여름에 군산에 물난리가 나면서 집의 지반이 내려앉았고 이로 인해 집 안 곳곳의 목재가 휘는 문제가 나타나기 시작했다. 이 모든 것을 개인의 비용으로 해결해야 하는 상황이다.

여기서 우리는 근대 문화라는 주제를 두고 완전히 상반된 입장에 처해 있는 두 광경을 목격할 수 있다. 한편에서는 수백억을 들여 만든 새로운 근대 문화유산들이 여행객을 기다리고 있다. 그리고 다른 한편에서는 조금의 지원도 받지 못한 채 쓰러져 가는 하나의 문화유산이 삶과 죽음의 기로에 놓여 있다.

▶ 창고 내부의 모습. 선생의 가족이 생활 물품을 보관하는 장소로 쓰인다. 옛 원형을 잘 유지하면서도 오늘날 생활인의 편의에 맞게 공간을 활용하는 지혜가 엿보인다.

'이것은 문화재다 혹은 이것은 문화재가 아니다'라고 정의 내리는 기준을 단순히 겉모습만으로 판단할 수 있을지는 의문이다. 숱한 이력을 거쳐 원래의 모습으로 부활한 옛 일제 은행이라든지, 문화재의 지위를 얻음으로써 집주인의 흔적을 몽땅 잃어버린 히로쓰 가옥만 보아도 문화재의 잣대가 '공인'이라는 이름으로 지극히 주관적인 관점에서 가늠되고 있다는 사실을 알 수 있다.

일제의 전당포 주인이 떠난 자리에 반백 년의 시간이 넘도록 우리가 살아왔다. 수탈의 역사, 문화의 흔적, 생활의 지혜, 소통의 노력들이 한데 모인 이 집이야말로 살아 있는 군산 역사의 단면을 그대로 보여주는 진정성을 갖고 있는 것이 아닌지 생각한다. 사가와 가옥은 이제 차를 통해 사람과 사람이 만나는 수탈의 현장과 참회의 현장을 이어주는 소통의 공간으로 거듭나고 있다. 그리고 그 가운데에는 '어떻게 남길 것인가'를 끊임없이 고민하고 있는 무거운 짐을 짊어진 한 사람이 있다.

▶ 정원 한쪽에는 동자석 하나가 고고히 제자리를 지키고 있다.

할아버지의 집 사랑, 구 미곡창고주식회사 사택

생활의 눈으로 지켜주기

예정에 없던 집

2012년 5월의 일이다. 아침 내내 부둣가 주변을 돌고 나서, 히로 쓰 가옥을 다시 한번 살펴봐야겠다는 생각에 구시가지로 발걸음을 옮겼다. 지인이 알려준 대로 여차여차 기억을 더듬어 월명동 골목길에 들어섰다. 그런데 문제가 하나 생겼다. 여기까지는 제대로 찾아온 것 같은데 그 다음부터가 기억이 나질 않았다. 무척 난감한 상황이었다. 앞을 보니 문방구를 가운데 두고 세 갈래로 길이 나뉘었다. '그리 크지 않은 동네, 어디로 가든 이 근방이니 아무데로나 가보자!' 하고 일단 오른쪽 길을 택했다.

모퉁이를 돌아서니 처음 보는 길이 나타났다. '잘못 왔구나!'라는 생각에 주변을 잠시 둘러보다가 빠져나오려는 찰나, 왼쪽에 아담한 일제식 집 하나가 눈에 띄었다. 담장에 가려 전체를 온전히 볼 수 없었지만, 오랜 세월을 품고 있는 집이라는 건 단번에 알 수 있었다. 적갈색의 벽돌 담장 사이로 문이 나 있었는데, 문 한쪽에 '구 영신창길'이라 적힌 주소판과 초인종이 달려 있었다. 가정집인 것 같았다.

답사 생활을 수년 반복하다 보면 이력이 날 법도 한데 모르는 집을 방문하기란 지금도 부담스럽다. 생전 처음 보는 사람이 들어와서 넉살 좋게 집주인에게 인사를 하고, '우리는 무엇무엇을 하는 사람입니다.'라고 소개를 하고, 이런저런 대화거리로 점점 그의 마음을 열어 마침내 원하는 정보를 얻는 일은 매번 쉽지 않다. 지역의 문화를 배워 간다는 면에서는 분명 뿌듯한 일이지만 한편으로는 집주인에게 실례를 끼치는 일이기에 죄송한 마음도 감출 수 없다. 초인종을 차마 누르지 못하고 주변만 빙빙 돌고 있는데 누군가 말을 건넸다.

"학생이야? 문 열려 있으니까 집 구경하고 싶으면 들어와서 봐."

백발이 성한 할아버지가 옥상 화분에 물을 주고 계셨다. 여쭙지도 않았는데 먼저 들어오라 하시니 그저 감사할 따름이었다. 문을 열고 들어가니 정원이 온통 푸르렀다. 잘 다듬어진 상록수와 꽃나무, 수많은 자연석이 바깥 자리를 가득 채웠다. 자세히 살펴보니 안채로 들어가는 현관이 꽤 독특했다. 현관 앞에 또 하나의 현관이 이어지는 형식인데, 일본 전통 가옥에서 볼 수 있는 겹처마다. 세월의 때가 곱게 묻은 돌기와가 온 지붕을 덮고 있다. 지도에서 이탈하니 이렇게 좋은 구경도 하게 되었다. 할아버지가 허허 웃으시며

▶ 구 미곡창고주식회사 사택. 벽돌 담장 너머로 일제식 가옥의 지붕이 보인다.

"어디서 왔어? 우리 집을 다 알고 오게."

"서울에서 왔어요. 알고 온 건 아니구요. 집이 너무 예뻐서 들어왔어요."

"저 앞에 있는 히로쓰 가옥은 보고 왔어?"

"네, 사실은 히로쓰 가옥 보려고 가다가 길을 잘못 들어서 여기로 와 버렸어요."

"처음 오는 사람들은 좀 헤매고 그러지. 여기가 무슨 집인지 알아?"

"글쎄요…… 관광 지도에도 이름이 안 나와 있어서 잘 모르겠는데요."

"여기 집 앞에 나가 보면 골목길에 안내판 하나 걸려 있을 텐데? 미곡창고주식회사 사택이라구. 학생은 그게 뭔지 알아?"

이곳은 일제의 덧없는 야망이 만들어 낸 미곡창고주식회사였다. 그 산 자취를 여기서 만나게 되니 반갑기도 하고 한편으로는 쓸쓸하기도 했다. '아픔의 계보'가 확실한 집이다. 이 집은 마루보시[丸帽子]라는 미곡창고주식회사의 지점장이 살던 집이다. 이름도 참 길어서 외우기도 힘들다. 그런데 미곡창고면 미곡창고일 것이지 그들은 왜 창고 주식회사까지 만들 생각을 했을까?

▶ 대문을 열고 들어가면 전형적인 일제식 가옥에서 볼 수 있는 겹처마로 이루어진 현관으로 이어진다.

군산 수탈의 역사가 만든 또 하나의 집

지금으로부터 96년 전인 1918년의 여름. 경성의 종로 소학교 앞에 마련된 미곡 판매소 앞에서 주민들과 일본 경찰 사이에 실랑이가 벌어졌다. 쌀값 폭등에 잔뜩 화가 난 주민들이 항의를 하다가 가벼운 몸싸움으로 번지더니 급기야는 조선인들의 폭동으로까지 이어졌다.

조선에서 폭동이 일어나기 한 달 전, 일본에서도 비슷한 사건이 일어났다. 도야마현[富山縣]의 한 어촌에서 주부들이 쌀 도매상을 습격하여 불태우는 사건인데, 이 사건을 도화선으로 쌀 소동 사태가 일본 전국으로 퍼져나가 한때 계엄령 선포를 고려할 정도로 심각한 상황이 계속됐다.

제1차 세계대전을 마무리하는 시점에 터진 조선과 일본의 쌀 폭동은 일제로 하여금 쌀에 대한 근본적인 식량 대책이 필요함을 절감하게 했다. 곧이어 미곡 증산 계획이 발표되었고 일본과 조선에서는 미곡 생산의 양과 질을 높이기 위한 여러 가지 정책들이 마련되었다. 특히 우수한 곡창지대를 갖고 있는 조선의 전라도 땅은 일본의 유휴자본을 끌어들여 장기적인 식량 기지로 키우기에 최고의 장소였다. 이 중 군산은 중요한 생산지이자 교통의 요지였다.

하지만 무지막지하게 늘린 조선 쌀이 일본으로 넘어가면서 또 다시 문제가 생겼다. 가뜩이나 일본에서도 미곡 증산 계획으로 쌀 생산이 급증했는데, 여기에 품질 좋은 조선 쌀이 밀려들어 오면서 이

번엔 쌀값이 큰 폭으로 떨어지고 만 것이다. 일제는 쌀값 폭락을 막기 위해서는 무엇보다도 조선 쌀이 무차별로 유입되는 것을 막아야 한다고 보았다. 그래서 조선 쌀의 수출량을 통제할 수 있는 전용 창고를 조선 각지에 만들도록 했다. 이것이 '조선미곡창고계획'이다.

이렇게 해서 1930년 한 해에만 전국 16개 지역에 17만 석을 수용할 수 있는 미곡창고가 지어졌다. 이제 중요한 것은 그 창고를 관리할 전담 회사의 설립이었다. 곧장 일제는 쌀 수출이 많은 5개 항구에 5000평 규모 이상의 창고를 짓는 것에 대해 국가 보조를 하겠다고 발표했다. 그리고 같은 해 11월 15일 경성 창립총회에서 자본금 100만 원으로 '조선미곡창고주식회사'가 탄생했다. 당시 100만 원을 지금 돈으로 따지면 약 1200억 원의 금액이다.

5개 항구에는 인천, 부산, 진남포, 목포, 그리고 군산이 포함됐다. 이듬해 일제가 만주사변을 일으켜 중국 국경을 넘고, 급기야 제2차 세계대전 참전국이 되면서 미곡창고는 군수물자의 보관과 수송을 위한 병참기지의 한 부속이 되었다. 군산 내항 일대에 셀 수 없이 많은 미곡창고가 들어서게 된 중요한 이유이다.

1935년 미곡창고주식회사의 일본인 지점장은 월명동 땅 94평을 사들여 40평 남짓한 일본식 고급 주택을 지었다. 집 안에는 5개의 방과 부엌, 욕실, 화장실, 창고, 우물, 정원을 갖추었다. 애당초 집을 짓겠다는 것은 오랜 세월 눌러 앉겠다는 이야기다. 그러나 그는 이 집에서 10년을 채우지 못하고 일본으로 돌아갔다. 조선은 해방을 맞고 22년 후, 광주에서 한 부부가 군산으로 올라왔다. 아내는 이 집을 보고 너무나 마음에 들어 했고, 결국 이 집을 평생의 살 집으로 결정했다. 지금의 이경산 할아버지 부부이다.

원래의 모습에 부부의 마음이 더해졌다

할아버지와 한동안 정원을 거닐었다. 정원은 깔끔하게 정돈된 나무, 섬세하게 배치해 둔 자연석, 보드랍게 깔린 잔디 사이사이마다 디딤돌을 점점이 깔아 두었다. 할아버지가 처음 이 집으로 이사를 왔을 때 일본식 정원의 모습은 찾아볼 수 없었고, 단 두 그루의 나무만 남아 있는 허허벌판이었다고 한다. 그러니까 지금의 정원은 이들 부부가 이사 후에 새로이 가꾼 작품이다. 두 분이 가꾼 이 정원에서 가장 좋아하는 것이 무엇인지 여쭈었다. 할아버지는 주저 없이 동백꽃을 꼽으셨다.

"자네 혹시 동백꽃 지는 거 본 적 있어? 다른 꽃들은 질 때 보통 꽃잎이 따로 떨어지는데, 이 동백꽃은 꽃 자체가 다 떨어져 버려. 이 낙화했을 때 모습도 참 보기가 좋단 말야."

정원의 모습과 할아버지의 취향을 봐도 일본식 정원은 분명 아니다. 이곳엔 석탑이나 석등롱, 부도, 석상 같은 건 없다. 오히려 한국식 돌확이 처마 밑에 놓여 있고, 맑은 물을 채운 그 안에는 금붕어 세 마리가 있다. 집에 심은 나무들도 자세히 보면 재미있다. 집보다 나무가 크면 우환이 든다하여 모든 나무들을 몽땅하게 가지치기해

▶ 정원의 모습. 부부의 취향에 맞게 꽃나무를 심고 자연석을 깔았다. 처마 밑 곳곳에 돌확이 놓여 있다.
깔끔하게 다듬어진 정원 곳곳에서 부부의 정성이 느껴진다.

둔 것이 흡사 난쟁이 나무숲을 연상하게 했다. 집의 모양새를 생각하면서도 부부의 취향에 맞게 가꾼 영락없는 가족의 정원이다. 이쯤 되니 집 안의 모습도 궁금해졌다. 들어가도 되는지 조심스레 여쭈어 보니 '공부하는 학생에 대한 특별 서비스'라며 흔쾌히 허락해 주셨다.

현관에 들어서자마자 소담스런 동백꽃 그림이 손님을 반기고 있었다. 빈티지한 옛날식 등이 정겹게 다가왔다. 들어오는 현관의 계단에서부터 기둥, 천장까지 예전 목재를 그대로 살려 놓았다. 이 정도면 집 자체를 거의 건드리지 않고 생활했다고 하는 편이 맞을 것 같다. 고동 빛깔의 복도에서 반질반질 윤이 났고, 유리창으로 쏟아지는 햇살이 집 안 분위기를 한층 밝게 했다. 집 본래의 아름다움을 내기 위해 적지 않은 노력이 들었을 것이다. 할아버지는 처음 이 집에 왔을 때의 기억을 또렷하게 간직하고 있었다.

"그때 돈으로 따지면 이 집이 125만 원을 주고 산 집이란 말이지. (지금으로 환산하면 어느 만큼의 돈 가치냐고 묻자) 그때 쌀 한 가마니를 2000원에 주고 사 먹었어. 집값이 꽤 나갔지. 집을 사겠다고 왔는데 이 집 하나에 여섯 가구가 모여 살더라구. 요즘 말로 따지면 다방 레지라고 하지. 그 사람들이 이 집에 한데 모여 산거란 말이야. 이 주변이 온통 다방에 양색시촌까지 엄청 많았다구. 미군이 여기 있었으니까."

1960년대의 한국에서 미군이 주둔하는 지역은 돈이 풀리는 곳으로 통했다. 일제가 떠났어도 군산의 수산업은 여전히 호황을 누렸다.

유곽은 사라졌지만 신식 유흥가와 사창가가 그 자리를 대신해 순식간에 퍼져 나갔다. 일제가 남긴 수많은 적산 가옥은 유흥업소 여성들이 간단히 묵어가는 여관처럼 사용되기 일쑤였다. 이 집도 그런 식이었다.

"어디 그 사람들이 집의 가치니 아름답다느니 그런 거 따질 여유가 있나. 그저 여기 와서 잠깐 잠만 자고 가는 거야. 그러니 집이 어떻겠어? 난장판이지. 거짓말 조금 보태서 여기 창문틀마다 시커먼 때가 수북하게 쌓여 있었다구. 그때는 요즘처럼 좋은 세제도 없었어. 양잿물로 몇 번을 문질러서 닦으니까 그때서야 때가 좀 벗겨지고 옛날 모습이 나오더라구. 안사람이랑 나랑 인부들 몇 명을 고용해서 한 달을 꼬박 수리하고 청소했어. 그 돈으로 거의 60만 원 썼지. 집 산 돈의 반절이라구."

집 안 곳곳을 다시 보게 된다. 할아버지는 일본식 모습이 그대로 남아 있는 우물터와 높은 천장, 복도를 하나하나 안내해 주시고 일본식 가옥의 일반적인 특징에 대해서도 세세하게 말씀해 주셨다. 종종 방문하는 일본인들조차도 집의 보존 상태를 보고 상당히 놀라고 돌아간다고 하니 이 집에 들인 부부의 공력은 이루 말할 수 없다.

그런데 여기서 내가 진짜 궁금했던 것은 집 자체보다는 집을 대하는 할아버지의 마음이었다. 그 정도의 막대한 수리비가 들 정도라면 차라리 그 돈을 보태서 더 좋은 집을 살 수도 있었을 테고, 아니면 원래의 틀을 뜯어내고 편의에 맞게 새 집으로 개조할 수도 있었

▶ 복도 한쪽에 널린 빨래들과 아기자기한 화초의 모습이 정겹다.

을 텐데 왜 그렇게 하지 않았을까? 할아버지의 대답은 솔직했다.

"그러게 말야. 남들은 다들 고치고 사는데 나는 왜 안 고치고 살았는지 모르겠어. 그때는 또 젊었을 때란 말야. 유행을 따라갈 법도 했는데 나는 안 그랬어. 그냥 집을 그대로 두고 사는 게 더 좋았던 것 같아. 왜 그랬는지는 모르겠어. 그런데 안 고치고 산다고 해서 특별히 불편한 것도 없어."

'집을 있는 그대로 받아들이고 생활하는 것도 좋은 낙이다'라는 말씀으로 들린다. 한 가지 일화가 생각난다. 한국 근대미술에 큰 공헌을 남긴 이경성과 최순우의 대화이다. 하루는 이경성이 최순우의 성북동 집에 놀러갔다. 그의 사랑방엔 문갑, 사방탁자, 서안과 같은 조선 시대의 좌식 가구들만 잔뜩 놓여 있었다. 이경성이 이 모습을 보고 "최 형, 이렇게 살면 불편하지 않아요? 소파랑 침대도 들여놓고 해요."라고 하자 최순우가 웃으며 말했다. "편하게 사는 것만이 꼭 좋은 건 아니라오." 어떻게 사는 게 진짜 편한지는 집주인의 마음에 달려 있나 보다.

집은 어떻게 꾸미고 사느냐가 중요하다

할아버지는 차를 내오시겠다며 집 안의 어느 방으로 나를 안내했다. 손님이 왔을 때 보통 이곳에서 이야기를 나눈다고 하는데, 일종의 접객실로 쓰이는 모양이다. 가정집의 방이라기보다는 흡사 인테리어 전시관에 가까웠다. 묵직한 반닫이와 잘생긴 백자 항아리가 방의 중심을 잡고, 그 옆으로는 아들이 그렸다는 수채화가 걸려 있다. 책장에는 빛바랜 서적들이 빽빽이 꽂혀 있고, 문갑 위에는 고고한 수석 하나가 자리를 지키고 있다. 할아버지가 진열대에 놓인 잡지 하나를 꺼내셨다.

"예전에는 이런 적산 가옥에 사람들이 별 관심이 없었는데, 요새는 좀 달라졌더라구. 방송국에서도 와서 가끔 다큐멘터리도 촬영하고, 잡지사 같은 곳에서도 와서는 화보도 찍고 인터뷰도 하더라구. 이거 한번 봐봐."

잡지 한 페이지에 정원을 배경으로 다소곳이 앉아 있는 할아버지 사진이 담겨 있었다. 평범한 일상복 하나 걸치고서 담담하게 셔터를 바라보고 있는 모습이다. 꾸밈이라든지 연출도 없었다. 이 사진에 '일본'이란 단어는 어디에도 들어갈 틈이 없어 보인다. 그저 이 집과 할아버지만 있을 뿐이다. 할아버지는 올해로 일흔일곱을 맞이한다고 하셨다. 이 집은 할아버지보다 두 살이 많다. 원래 주인이 버리고 떠난 이 집은 잠시 혼돈의 시기를 겪긴 했지만 곧 할아버지를 만났고, 이 둘은 이곳에서 수십 년을 함께 친구처럼 보냈다. 사실 우물가에 갔을 때 개인적으로 더 관심이 갔던 것은 일본식 우물보다는 할아버지가 만든 집수리 창고였다. 언제든 집의 이곳저곳을 수리할 수 있는 각종 도구들이 즐비하게 늘어서 있는 곳이다. 집에 대한 애정이 남다름을 느낄 수 있다.

방의 벽 한쪽에 웬 빗장 달린 문이 있다. '물품을 보관하는 곳인

▶ 접객실의 모습. 가족의 산 역사가 담긴 물건들이 아름답게 진열되어 있다.

가?' 하고 열어 봤다가 그만 웃음이 터졌다. 손자 손녀가 할아버지 부부에게 선물한 그림엽서와 편지들이 아옹다옹 꽂혀 있었다. 서툰 글씨와 그림이지만 진심과 정성이 담겨 있었다. 아이들의 사랑을 보관하는 공간으로 문만 열면 그때의 추억을 떠올릴 수 있다. 할머니의 아이디어였다. 손자 손녀의 마음도 기특하지만 이 작품을 '전시 기획'한 할머니의 따뜻한 마음도 흐뭇했다. 이 접객실은 한마디로 '가족 역사 전시관'이다.

건너편으로 햇살이 한가득 들어오는 방 하나가 보였다. 좀 전의 방보다 족히 2배는 넓어 보이는데, 양 벽으로 큰 창문이 나 있어 정원을 감상하기에도 그만이었다. 위치상으로나 분위기로나 과거에 지점장의 서재로 쓰였을 성싶은 공간이었다. 지금 이 방에는 책상과 컴퓨터, 책으로 가득 찬 책장이 벽면을 메우고 있다. 재미있는 것은 책장의 내용물이다. 정작 할아버지의 책들은 가장 높은 곳에 꽂혀 있고, 손이 뻗기 쉬운 나머지 공간에는 초등학생용 영어 교재와 위인전, 식물도감 등으로 꽉 채워져 있다.

"주말에 우리 손녀가 놀러 온다구. 오면 마땅히 쉬고 놀 방이 있어 야지. 그래야 자꾸 오고 싶지 않겠어?

가지런히 접힌 아동용 이불과 베개, 동물 인형이 담긴 장난감 통에서 할아버지의 아이들 사랑이 느껴졌다. 창가에는 조그마한 나무 의자 두 개가 나란히 놓여 있는데, '이 집의 제일 좋은 곳은 자라날 새싹들의 몫이다'라고 이야기하는 것 같다. 봄이면 푸릇푸릇한 새순

▶ 과거 지점장의 서재로 쓰였을 곳으로 추정되는 공간이다. 지금은 할아버지 부부의 손녀가 놀러왔을 때 머무는 공간으로 사용되고 있다.

▶ 할아버지의 집무실. 생활에 필요한 여러 물품들이 곳곳에 비치되어 있다. 문화재로 박제된 히로쓰 가옥과는 매우 대조적인 모습이다.

이 돌고, 여름엔 초록빛으로 온 정원이 뒤덮인다. 가을엔 단풍이 물들고, 겨울엔 새하얀 눈꽃이 피어난다. 아이들은 사시사철 변하는 정원의 아름다움을 만끽하고 추억할 것이다. 이곳이 과거 일제의 아픔을 간직한 곳이건 변화무쌍했던 군산의 옛 시절을 흘려보낸 곳이건 지금은 중요하지 않다. 가족의 행복을 이어나가는 곳, 이미 이것만으로도 남다른 의미와 가치가 생긴 것이다.

집 구경은 여기서 끝나는 것이 아니다. 이제 이 집의 가장 중요한 곳을 볼 차례이다. 할아버지는 도코노마와 불단이 자리했던 그 장소로 나를 안내해 주셨다. 정원이 보이는 긴 복도를 따라 널따란 방으로 들어서자마자 나도 모르게 "어?"라고 외마디가 튀어나왔다. 머릿속에 그리던 풍경이 아니었다. 히로쓰 가옥과 사가와 가옥에서 보았던 일본식 접객실의 모습과는 사뭇 달랐다. 목재의 구조와 형태뿐만 아니라 천장의 란마 역시 옛 모습 그대로였다. 그런데 방의 모습은 완전히 달랐다.

널찍한 소파 주변으로 여기저기 상(床)이 놓여 있고 상 위에는 스탠드 불이 환했다. 막 신문을 읽고 계셨던 모양이었다. 평소에 읽을 법한 책과 서류들, 필기도구, 오디오, 리모컨, 티백이 들어 있는 컵, 간식거리들이 가득했다. 아무래도 이 상들은 책상과 밥상을 겸하고 있는 것 같았다. 크고 작은 쿠션들은 다리와 허리가 불편한 할아버지에게 없어선 안 될 필수품이라 했다. 옛 도코노마의 자리는 할아버지의 옷가지를 보관하는 장롱과 서랍으로 쓰이고 있다. 이곳은 할

▶ 과거 일본인의 신단과 불단을 모셨던 자리이다. 할아버지는 이 공간에 여닫이문을 달아 벽장으로 사용하고 있었다. 집주인의 의지
에 따라 공간의 쓰임새가 달라지는 자연스러운 모습이다.

아버지의 전용 방이다.

"예전에 여기가 일본 사람들이 자기들 신을 모시고 부처님도 모시고 했던 공간이란 말야. 여기 원목 기둥 보이지? 여기가 도코노마가 있던 자리라구. 그런데 이제 와서 우리한테 그런 게 무슨 소용이 있나? 우리는 그냥 우리대로 사는 거지. 여기는 말하자면 내가 쉬기도 하고, 책도 보고, 텔레비전도 보는 그런 곳이지. 예전 사람들은 어떻게 지냈는지 모르겠지만, 여기서 문을 다 열고 바깥을 보면 정원이 아주 근사하단 말야."

닫혀 있던 창호문과 유리창이 좌우로 열리자 또 다른 세계가 펼쳐졌다. 방과 복도를 거쳐 푸른 숲 정원으로 번지는 이 구도에서 말로 표현하기 어려운 담박함과 상쾌함이 느껴졌다. 가만히 자리에 앉아 이 경이로운 풍경을 바라보았다. 바람이 스치니, 초록빛 잎사귀들이 일제히 넘실대기 시작했다. 프레임 중앙에 자리한 나무 기둥 하나가 풍경의 안정감을 더했다. 이 맛에 할아버지는 이 집의 평생지기가 되기로 결심한 것일까? 말없이 한참을 바라보고 있으니 할아버지가 넌지시 말씀하셨다.

"집이라는 건 말야. 100억짜리 집이나 1억짜리 집이나 다 똑같은 거라구. 내가 이 집에 얼마나 애정을 갖고 잘 가꾸는지가 가장 중요한 거야. 어차피 수천 평짜리 집이나 작은 집이나 내가 생활하는 공간은 딱 정해져 있다구. 만약에 100억짜리 집값이 10억으로 떨어졌다고 하면 그때 가서는 쓸모없는 집이 되는 건가? 그건 부동산의 입장이지 집에서 살겠다고 하는 사람의 입장은 아니야. 학생도 앞으로 집을 산다고 하면 그 점을 잘 생각해 봐."

할아버지는 50년에 가까운 세월을 이 집에서 보내는 동안 이 집의 역사와 가치를 알아보는 사람들의 적지 않은 '유혹의 손길'이 있었다고 했다. 그러나 그때마다 부부는 단호히 거절했다고 한다. 심지어 시가의 몇 배로 쳐서 사겠다는 사람들도 있었지만 그 역시 뿌리쳤다. 이곳의 아름다움은 이윤을 목적으로 한 것도 아닌, 그렇다고 누군가에게 특별히 보여주기 위한 과시의 목적도 아니었기 때문이다. 오직 할아버지 가족의 단란한 행복을 꾸리는 '우리 집'으로서의 아름다움이었다.

할아버지 집의 자개장을 보니 내가 어렸을 때 살던 옛집이 떠올랐다. 우리 집에도 자개장이 있었다. 자개장이 있던 곳은 할머니의 방이었다. 백발이 성한 우리 할머니의 장에는 늘 500원짜리 동전이 한가득 들어 있었다. 내가 부모님께 야단이라도 맞아 풀이 죽어 있으면 할머니는 늘 내 손에 동전을 꼭 쥐어 주시면서 가게에 가서 과자라도 사 먹으라고 다독이셨다. 지금 돌이켜 보니 그 방은 나의 놀이터였다. 장롱, 서랍장, 문갑, 보료, 이불, 요강 할 것 없이 모두 장난감이었다. 이 집의 꼬마들도 분명 내 나이가 되면 아련했던 할아버지 할머니와의 그때를 보석같이 추억할 날이 올 것이라 믿는다.

▶ 집무실에서 바라본 정원의 모습

미곡창고주식회사 사택이 아닐 수도 있다

지난해 5월, 초고를 완성해서 할아버지 댁에 인사를 드리러 갔다. 그사이 할아버지는 거동이 불편해지실 정도로 병색이 깊어지셨다. 할아버지는 목발에 의지하신 채 힘든 걸음으로 마중 나오셔서 서재로 안내해 주셨다. 그리고는 노란 봉투에서 이것저것 서류들을 꺼내셨다. 그 안에는 일전에 보내 드린 원고도 함께 들어 있었다. 프린트 이곳저곳에 빨간색 표시가 보였다.

"나는 자네가 이 집에 대한 일제 때 이야기를 쓸 거라고 생각했지, 내 이야기를 쓸 거라고는 생각 못했는데…… 내가 그래서 생각나는 대로 적어 본 거야. 그런데 자네가 헷갈리고 있는 사실이 있는 것 같더라구. 이거 먼저 한번 읽어 봐."

할아버지가 건넨 한 장의 자필 원고에는 지금까지 듣지 못한 새로운 내용이 있었다. 앞서 내가 언급했던 '마루보시라는 지점장이 살았던 미곡창고주식회사 사택'이라는 것은 잘못 조사된 내용이라는 것이다. 할아버지는 두 가지 오류를 지적했다. 첫 번째는 마루보시라는 명칭은 사람이 아니라 회사 이름이라는 것이다. 일제강점기 때 쌀을 보관하기 위해 미곡창고주식회사가 설립되었고, 그 쌀을 유통시키기 위해 함께 만든 것이 마루보시라는 회사였다. 해방이 되면서 이 두 회사는 합쳐져 '한국미곡창고주식회사'로 이름이 바뀌게 되었고 자연스레 마루보시의 존재는 잊혀졌다.

두 번째는 이곳이 미곡창고주식회사 사택이 아닌 마루보시라는

▶ 집주인 이경산 할아버지와의 인터뷰

유통 회사의 사택이라는 점이다. 35년 전 어느 날 일본인 남자가 할아버지의 집을 찾아왔다고 한다. 그는 자신이 일제강점기 시절에 이 집에서 군산 중학교를 다녔다는 사실을 밝히면서 그때 아버지의 흔적을 조금이나마 얻어가고 싶으니 집의 모습을 사진으로 담아가도 괜찮겠냐고 물었다. 한참을 돌아보고 나서 그는 자신의 아버지가 이곳에 머물던 때 마루보시의 지점장을 지냈다는 이야기를 했다고 한다. 이때의 구술을 통해 할아버지는 이 집이 미곡창고주식회사 사택이 아님을 알게 되었다.

이렇게 되면 내가 언급한, 아니 이전의 학술 조사는 완전히 잘못된 정보가 되는 것이었다. 나는 이 중요한 사실이 왜 조사 결과에 반영되지 않았는지 여쭈었다. 할아버지는 "내가 들은 이야기인데 누가 귀담아 듣겠나."라며 웃으셨다. 건축적인 특징에 대해서는 다들 궁금해 해도 정작 이 집의 역사에 대해 제대로 묻는 사람은 거의 없다고 한다. 문화재에 대한 학술 조사의 신빙성과 기준이 얼마나 자의적일 수 있는지 생각하게 되는 대목이었다.

이어서 할아버지는 두 번째 자필 원고를 보여주셨다. 그 종이에는 할아버지와 이 집의 첫 인연에 관한 이야기가 담겨 있었다.

참, 이 집은 운명적으로 내 집인 것 같다. 대서소(지금 법무사)에서 등기를 할 때 주소가 금동 82번지인데, 금동이 錦洞이고, 내 본적이 광주시 금동 光州市 錦洞 210번지라 참 우연치곤 운명(?)적 인연인

것 같았고 그때 문패를 도당집 '일도당' 아저씨에게 써 달라고 하였
는데 지금 그 아저씨는 돌아가시고 그 아들이 도당집을 하고 있다.

나는 이 문패를 아직도 갖고 계신지 여쭈었다. 할아버지는 말없이
일어나 접객실로 가시더니 서재 꼭대기에서 묵직한 나무 문패 하나
를 꺼내셨다. 문패 앞에는 큼지막한 붓글씨로 '李景山(이경산)'이라
는 세 글자가 반듯하게 쓰여 있었다. 이 집에 대한 할아버지의 애정
과 관심은 이 문패 하나만으로 충분히 증명되었다.

이 문패가 걸리는 순간 이 집은 '일제의 집'이라는 과거의 역사를
벗고 '할아버지의 집'으로 재탄생했다. 그렇게 수십 년, 이 문패는
할아버지의 출퇴근길을 지켜봤을 것이다. 너무나 오랜 세월이 흘러
이제는 검게 그을린 이 문패에 지난날의 가족사가 모두 담겨져 있는
것 같았다. '이경산 가옥'으로서의 새 출발을 의미하는, 작지만 중요
한 한 집안의 상징이다.

2012년 할아버지 댁은 군산시 향토 문화유산 제17호로 지정되
었다. 지금 집의 담장 앞에는 문화재 지정을 알리는 안내문이 세워
졌다.

구 조선미곡창고주식회사 군산 지점장 사택 건물은 건평 40평,
대지 94평으로 1935년에 지은 전형적인 일본식 주택이다. 안쪽 정
원이 잘 가꾸어져 있으며, 현관, 복도, 욕실, 창고, 화장실을 갖추고

있고, 집 안에 우물이 있는 것이 특징이다. 이 건물은 보존 상태가 양호하며 1930년대 일본식 주택 건축 양식을 엿볼 수 있다.

사람이 살고 있는 생활공간임에도 불구하고 이 집은 결국 군산시에 의해 '구 미곡창고주식회사 사택'이라는 문화재가 되고 말았다. 이렇게 이곳은 근대 문화유산 거리라는 새로운 그림판에 뭉뚱그려지면서 개인의 사생활은 존중되지 못한 채 관광 코스의 울타리 안으로 서서히 빨려 들어가고 있다. 최근 들어 시도 때도 없이 기웃대는 외지인들 통에 할아버지는 결국 집 관람의 승낙 여부를 '공부하는 학생'으로만 제한하는 것으로 정했다. 단란하고 평온했던 할아버지의 집은 관광과 문화재라는 외부의 시선으로 인해 단순한 볼거리로 전락하고 있는 것이다.

존중받아야 할 것은 건축물이 아니라 집이다. 옛 지점장이 남긴 일제의 겉모습과 할아버지가 남긴 생활의 속 모습은 동등한 시선에서 바라보아야 한다. 그런 면에 비추어 볼 때, 안내문에 아래와 같은 내용도 함께 덧붙여야 하지 않을까 하는 생각을 했다.

"이 집은 이경산·윤여삼 부부가 1967년부터 현재까지 살아온 곳으로, 한 가족의 반평생 역사가 고스란히 담겨 있는 집이다. 집의 옛 모양새를 그대로 유지하면서도 가족의 생활 문화에 맞게 아름다운 공간으로 재창출시킨 군산 특유의 집이다. 가족이 살고 있으므로 내부 관람을 원할 시에는 사전에 정중한 요청을 구해야 한다."

네 번째 시선

기억상실:
잊지 않고 남기기

장소(혹은 도시)는 기억한다. 자신이 지나온 흥망성쇠의 역사를 '뇌'에 저장해 두었다가 이따금 꺼
낸다. 단단한 두개골에 쌓인 회백질과 백질이 사람의 뇌라면, 장소의 뇌는 지명(地名), 건축물, 골
목길 등이다. 우리는 장소의 뇌를 들여다볼 필요가 있다. 장소의 기억과 우리가 지나온 희로애락
의 삶이 서로 무관하지 않기 때문이다.

기억 속에 머무는 유곽(遊廓)

1905년 군산, 호남 최대의 유곽 지역

유곽은 문화유산인가? 마이너스 유산인가?

인터넷을 하던 어느 날 흥미로운 기사 하나가 눈길을 끌었다. 기사 제목은 '中 300년 된 유곽 철거—복원 놓고 논란'이었다. 유곽이라…… 한자를 자세히 보니 놀 유(遊)에 울타리 곽(廓)이다. 울타리 안에서 노는 곳. 말 그대로 유곽은 외부와 격리된 지역에 매춘 업자를 두고 성매매를 허용하는 업소를 뜻한다. 성매매의 온상이었던 곳이 300년씩이나 되었다니 그저 놀라울 따름이었다. 그런데 전통과 역사를 운운하며 유곽을 가치 평가의 도마에 올린 이유는 뭘까.

2006년 중국 후난(湖南)성 창사(長沙)시에서 300년의 역사를 간직한 유곽을 두고 철거 여부를 따지는 것에서 논란이 시작되었다. 그 유곽은 청(淸)조 옹정제 때인 1733년 왕청(望城)현에 건립된 '홍타이팡[宏泰坊]'이라는 건축물이었다. 시에서는 당초 이 목조 유곽이 흉물스러울 정도로 낡아 완전 철거한다는 방침이었으나 후난성 최초의 유곽이라는 역사적 의미가 큰 화두로 떠오르면서 고민에 빠진 것이다.

유곽은 중국 봉건시대의 잔재이자 과거 여성들의 인권을 유린하고 성을 착취했던 장소이기에 없애야 한다는 철거 지지자와 역사적 사실을 인정하고 문화적 가치를 존중해야 한다는 철거 반대자들 간의 팽팽한 논란이 계속되었다. 이 중 철거 반대자들은 진시황의 무덤에서 출토된 병마를 보전하는 것이 진시황의 폭군적인 행위를 지지한다는 의미가 아닌 것처럼, 유곽을 복원한다고 해서 매춘을 인정한다는 뜻이 아니라는 점을 강조했다.

결국 홍타이팡은 옛 기생 문화를 보여주는 박물관이 되었다. 박물관은 중국 기생 문화의 기원과 발전, 멸망의 역사와 정교한 조각과 화려한 장식물로 꾸며진 기생집의 모습을 그대로 보여주었다. 퇴폐적이고 문란한 모습의 기생뿐만이 아닌, 외세의 침략에 맞서 싸운 기생, 의리를 저버린 남자를 보고 모든 보물을 강물에 버린 대범한 기생, 덕과 재능, 미모를 두루 갖춘 기생 등 다양한 스토리를 엮음으로써 기생이 가진 또 다른 이미지들을 보여주었다. 이처럼 중국은 부정적인 의미를 지닌 유적지도 보전되어야 한다는 주장에 손을 들어 유곽을 하나의 문화유산으로 인정했다.

그렇다면 우리나라에서는 유곽을 어떻게 평가하고 있을까. 조선

시대에는 국가적 차원에서 매춘을 공인하지 않았기 때문에 남성들의 마음을 뒤흔들었던 어우동(於于同) 같은 여인은 불특정 다수의 남자를 상대했다는 풍기문란 죄로 문초를 받았다. 매춘은 특정 지역에 두고 이뤄진 것이 아니라 어디까지나 비밀리에 거행되었다. 공공연한 매춘은 일본의 식민지화 과정에서 일본의 유곽이 조선으로 들어오면서부터 시작되었다.

우리나라에 유곽이 설치된 것은 1876년 일본과의 강화도조약 이후의 일이다. 이때 일본에서 많은 유녀(遊女)*들이 들어왔다. 유곽은 일본인 거류민(居留民)*들이 많이 사는 서울, 인천, 부산, 군산, 평양, 목포, 원산, 마산 등을 중심으로 지어졌다. 1905년에는 공창(公娼)*제를 도입하였고, 한일 합방 이후에는 한반도 전역에 유곽이 지어졌다. 식민지 지배의 시작으로 일본의 유녀와 조선의 기생이 뒤섞였고 새로운 '밤 문화'가 만들어졌다. 곳곳에 홍등이 밝혀지고 일상 속에 매춘이 스며들었다.

해방 이후, 전국에 깔려 있던 유곽은 어느 하나 할 것 없이 헐어졌고, 사람들의 기억에서 점점 사라졌다. '성을 파는 매춘 장소'에만 의식이 사로잡혀 있다 보니 유곽은 당연히 없어져야 한다는 논리가 크게 작용했다. 보전해야 한다는 생각 자체를 하지 못한 것이다. 우

＊ 유녀 술과 함께 몸을 파는 일을 직업으로 하는 기생
＊ 거류민 남의 나라 영토에 머물러 사는 사람
＊ 공창 관청의 허가를 받고 매음 행위를 하는 여자

리나라에서는 중국과 같이 유곽을 공인하여 자체적으로 설치한 것이 아니라, 일제의 식민지에 놓여 어쩔 수 없이 만들어진 특수한 산물이기에 더욱 그러했다.

이미 역사의 옛 기억이 되어 버린 유곽을 놓고 한 시대를 풍미했던 문화유산으로 볼 것인지, 아니면 무가치한 마이너스 유산으로 볼 것인지의 물음에 뚜렷한 답을 내릴 수는 없다. 다만 우리는 지금까지 유곽의 역사를 무조건적으로 부정함으로써 그것을 둘러싼 건축물, 기예, 장신구, 복식 등과 관련된 수많은 문화적 자취를 놓치고 있었던 것만은 사실이다. 때문에 폐지냐 복원이냐의 문제를 떠나서, 그동안 역사의 뒤안길에 묻혀 있던 유곽의 존재에 대해서 관심을 두고 살펴볼 필요가 있다.

1905년 군산, 호남 최대의 유곽 지역

1905년 공창이 도입되면서 군산에도 유곽이 설치되었다. 군산은 곡물과 자원을 일본으로 반출하는 항구도시로서 유동 인구가 많았고, 화물 수송을 위해 설치된 철도로 인해 군산을 찾는 이들이 늘어났다. 교통이 발달된 군산은 유곽 문화가 뿌리내릴 수 있는 최적의 장소였다.

군산의 유곽 사업은 1906년 통감부 설치 후 일본 관리와 조선에서 생활하는 일본인들 즉, 거류민단들에 의해 시작되었다. 『군산개항사』를 보면 '조선에서도 민단법이 시행되면서 지방자치제가 인가 되었다. 경성은 솔선해서 민단의 재정 축적을 목적으로 신마찌[新町] 유곽을 개설하여 의외로 성공하였기 때문에 각지의 민단도 앞을 겨루고 유곽 설치에 착수했다.'라고 쓰여 있다.

군산 거류민단은 재원을 얻기 위한 계획으로 시장의 공설, 묘지·화장터의 변경, 공립 병원의 설립 등과 함께 유곽의 신설을 획책했다. 특히 유곽 신설에 가장 큰 공을 들였다. 거류민단은 세수를 늘리기 위해 유곽에 종사하는 이들에게 세금을 징수했고, 수입의 일부는 유곽의 운영비로 사용했다.

당시 유곽의 설립은 상당한 이권이 달려 있어 지주들 간에는 유곽이 들어설 후보지를 자신의 땅에 유치하기 위해 치열한 경쟁을 벌였다. 후보지였던 신흥동 산수정(현 명산시장)과 팔마산 동쪽 평지(현 금암동) 그리고 경포리 부근 해변가(현 고속버스터미널 부근) 등 세 곳이 경합을 벌이다가 결국은 신흥동 산수정이 선택되었다. 신흥동은 현재의 명산동(明山洞)이다.

신흥동 산수정은 '군산의 금융 왕'이라고 불리던 사토오[佐藤]란 자의 땅으로 본래 논과 작은 저수지가 있던 넓은 땅이었다. 그중 유곽이 들어설 오천 평의 땅을 일본 거류민단에 무상 기증함을 조건으로 내세워 다른 후보지 둘을 물리치고 유곽을 유치할 수 있었다. 그는 유곽이 들어서면 주변 땅값이 오른다는 점을 잘 알고 있었다.

1933년 군산 부시가지도를 보면 신흥동에 유곽이 밀집되어 있는데 아이러니하게도 유곽의 맞은편에는 금강사(현 동국사)가 위치해

▶ 일제 당시 칠복루의 모습. 칠복루는 신흥동 지역에서 가장 화려하고 유명했던 유곽이다.

있다. 이는 일본에서 유곽을 설치하는 사전촌락(寺前村落)*방식이 그 대로 군산에 적용된 것으로 보인다. 일본에서는 일찍이 나루터, 정거 장과 같은 교통의 요지나 큰 절, 신사 부근인 사전촌락 등지에 매음 업을 하는 유녀와 그들의 영업지인 유곽이 존재했다. 이렇듯 일본식 유곽이 군산 주민들의 일상 속으로 들어왔다.

이 일대에 일본인이 운영하는 유곽은 칠복루(七福樓), 명월루(明月 樓), 방본루(芳本樓), 태평각(太平閣), 평남루(平南樓), 대월루(大月樓), 송월루(松月樓), 대화루(大和樓), 신흥루(新興樓), 상반루(常盤樓)등 이 며, 조선인이 운영하는 청루도 함께 있었다.

이 중 가장 유명한 유곽은 칠복루(현 군산 화교 소학교)였다. 1925년 경에 지어진 칠복루는 일본 특유의 고풍스러운 2층으로 된 목조 가 옥으로, 고급 목재를 직접 일본에서 들여와 지었다. 2층에 큰 창문을 둔 칠복루는 일본 전통의 멋과 운치가 있었다. 유곽 입구로 들어가면 작은 연못과 석등으로 자그마한 정원을 꾸며 놓았다.

신흥동 유곽 지역에서 일했던 일본인 여인들은 기예와 매춘을 겸 한 오이랑(おいらん)으로 일본의 전통 게이샤(げいしゃ)와는 다르다. 게이샤는 1688~1704년경부터 생긴 예능인으로서 매춘을 하지 않 고 고급 찻집, 요정이나 연회석에서 술을 따르고 전통적인 춤이나 노 래로 술자리의 흥을 돋우는 여인들을 말한다. 그들은 일본 전통 예술

---

* 사전촌락 절 앞에 있는 마을

을 훈련받고 전문적으로 질 높은 서비스를 제공했다.

게이샤와 매춘의 이미지가 뒤섞인 것은 19세기 메이지 시대로, 유곽의 고급 매춘부인 오이랑이 게이샤의 세계로 들어오면서 시작되었다. 이 둘 사이를 쉽게 구별할 수 없는 손님들이 게이샤와 오이랑을 같은 부류로 잘못 이해한 것이다. 영화 〈게이샤의 추억〉에서 전통 게이샤였던 사유리가 제2차 세계대전의 패전 이후 다시 유곽으로 돌아오는데, 예전과 달리 춤과 노래의 질이 떨어지고 품행이 다소곳하지 못한 게이샤들을 보고 '한때 내 직업이었던 게이샤는 너무나 달라졌다. 게이샤의 은밀한 세계의 비밀이 드러났다.'라며 혼자 읊조리는 장면이 나온다. 이 시기쯤에는 게이샤와 오이랑의 구분이 모호해졌고 몸을 팔던 오이랑을 통틀어 게이샤라 불렀다.

신흥동 유곽의 여인들은 게이샤 못지않게 기본적인 악기와 노래, 춤을 배웠고, 손님의 마음을 읽고 적절하게 서비스를 제공하는 방법도 익혔다. 이곳의 영업시간은 해가 질 저녁 무렵부터 새벽 한 시까지였고, 홍등에 불이 켜지면 영업이 시작되었다. 유곽 거리에는 손님들이 몰려들고 손님이 유곽 안으로 들어가면 나이 많은 여인이 손님을 맞이하고 거실로 안내했다. 거실에는 유곽의 여인들 사진이 쭉 걸려 있는데, 손님은 사진을 보고 여인을 선택했다. 방으로 안내되면 차와 센베이[煎餅] 과자를 먹으며 여인을 기다렸다. 선택된 여인은 기모노를 입고 화장과 머리단장을 곱게 하고 손님을 화대했다.

유곽을 찾는 손님들은 대부분 군산을 잠깐 들르는 외지인이거나 일본인 혹은 고급 관료들이었다. 유곽은 낯선 땅에서 거주하는 일본인들의 사교장이었다. 타지에서 온 손님은 긴 여정을 달래기 위해 화려하게 몸을 치장한 여인들의 서비스를 받고, 요리를 먹으며 샤미센[三味線] 연주를 들었다. 샤미센은 가부키(歌舞伎)를 비롯한 일본 고전 예능에 주로 사용되는데 현이 울리는 소리가 일품이다. 이들은 여인들의 구슬픈 노래를 들으며 그리움과 향수를 달랬다.

유곽의 출입 비용은 같이 술을 마시고 이야기를 나누는 접대 비용으로 1원, 하룻밤을 자면 3원~5원씩이었다. 당시 쌀 한 말이 1원 50전이었으니 쌀 두 말 가격이었다. 비싼 가격임에도 불구하고 군산에 거주하는 일본인이나, 외지인은 이곳의 밤 문화를 즐기고 미련 없이 떠났다. 일부 조선인들 중에는 논과 밭을 팔면서까지 유곽에 머물러 가산을 탕진하는 경우도 있었다.

신흥동 유곽의 여인들은 일본인이 대부분이었으나 식민지의 해를 거듭할수록 조선인이 일본인을 압도하기 시작했다. 일본인이 운영하는 유곽에 기모노를 입은 조선 여인이 하나둘씩 늘어났다. 남겨진 사진 한 장을 통해 그 당시 모습을 그려 볼 수 있었다.

1930년대 초, 군산에서는 일본 국기(國技)인 스모 경기가 열렸다. 사진에서도 알 수 있듯이 일본에서 건너온 스모 선수가 일본인이 운영하는 유곽에 방문해 환대를 받고 있는 모습이다. 사진을 유심히 보면 재미있는 모습들이 보인다.

사진 가운데에는 웃통을 벗은 스모 선수 4명과 이를 둘러싼 18명

▶ 유곽에서 찍은 스모 선수와 유녀들의 기념사진

의 게이샤들이 있고 이들 너머로는 오시이레(おしいん)*와 도코노마 그리고 다양한 풍속화가 그려진 액자와 족자가 보인다. 중앙에 있는 스모 선수 히슈산[肥州山]은 일본에서 주니어 챔피언으로 한때 유명했다. 히슈산 선수와 건배하는 검정 기모노 차림에 콧수염을 기른 스포츠형 머리의 남자는 '나까야마[中山]' 원장으로 거류민단 시절 (1903) 군산에 중산 병원을 개업하고, 1906년 '군산 병원'을 인수 합병한 거목이다.

이들을 둘러싼 여인들은 한결같이 기모노를 입고 허리에 오비 [帶]를 둘렀으며 일본 전통 머리 모양을 하고, 하얀 얼굴에 작은 입술을 붉게 강조한 게이샤 화장을 하고 있다. 이들 앞에는 풍성한 안주로 가득한 술상이 차려져 있고 다다미가 깔린 바닥에는 술병과 일본 전통악기 샤미센이 놓여 있다.

사진 왼쪽의 가장자리에는 쪽을 찐 머리를 하고 기모노를 입은 여인이 보이는데 외관상 조선 여인인 듯하다. 표정이 앳되어 보이며 약간은 상기된 표정이다. 그녀 앞에는 태극 모양의 부채도 보인다. 이를 보면 일본인 유곽에 조선 여인들도 함께 일했음을 짐작할 수 있다. 이 시기에는 조선 출신의 매춘업 종사자와 유곽 손님이 늘어나면서 유곽 문화가 점차 군산 문화의 하나로 자리 잡아 갔다.

1930년대 신흥동 유곽 주변으로는 크고 작은 카페와 찻집, 음식

---

* **오시이레** 일본식 붙박이 벽장

점이 생겨났고, 일본어 간판을 단 상가들이 들어섰다. 이 주변에는 당고(경단), 채소 장수, 꽃 장수 등이 모여들어 노점 형태로 물건을 팔았다. 사람들의 발길이 늘어나면서 신흥동 유곽 지역은 점차 호남 최대의 유곽지로 명성을 굳히게 되었다. 이 당시 유곽은 하루 수입이 최대 120원에 달할 정도로 최대 번영기였다.

일제강점기에 번성을 누리던 군산의 유곽은 해방이 되면서 여성 단체에 의해 폐지의 수순을 밟았다. 1945년 12월, 전국에 걸쳐 150여 개의 지부와 80만 명을 회원으로 둔 조선 부녀 총동맹은 공창제의 폐지를 우선적으로 요구했다. 여성 단체들의 활동에 자극을 받은 미군정은 1946년 5월 17일 '부녀자의 매매 또는 그 매매계약의 금지'를 공포하는 법령 제70호를 발표했다. 이를 받아들여 1947년 10월 28일 전격적으로 공창 폐지법을 통과시켰고 미군정의 공창제도 폐지 방침에 의거하여 1948년 2월 14일에 폐지되었다.

일본인이 남겨 놓고 떠난 군산의 유곽은 방치되어 있다가 한국전쟁 이후에는 피난민들의 임시 수용소로 사용되었다. 갈 곳이 없던 유곽의 여성들은 명산동과 조금 떨어진 개복동으로 옮겨가 사창으로 전업했다. 시간이 흘러 유곽은 그렇게 사람들의 기억 속에서 사라졌다.

기억의 유곽, 그 흔적 속으로

동국사로부터 마주 보이는 큰길가의 횡단보도를 건너면 서울의 낙원 상가를 떠올리게 하는 상가아파트가 보인다. 이곳을 지나면 조그마한 시장이 나타난다. 이 시장 입구에서부터가 일제 시기에 번영했던 신흥동 유곽 거리의 시작이다. 그러나 1970년대 군산에서 대대적인 토지구획정리사업으로 상가, 주택, 도로 조성, 도시의 기반 시설을 갖추게 되면서 화려했던 유곽 거리의 흔적들이 사라지고 오늘날의 명산 시장이 되었다.

명산 시장은 'ㄴ' 형태로 생선 가게, 닭집, 야채 가게, 반찬 가게, 고추 방앗간 등 39개 노점이 줄지어 있다. 주말임에도 불구하고 손님이 없어 한산했다. 명산 시장 옆에 위치한 상가아파트는 일제강점기 당시 주조 공장이었으나 1970~80년대에 주상복합건물로 새롭게 재건되었다. 이 시기에는 손쉽게 구할 수 없는 미제품(美製品)을 팔았고 그 덕에 시장은 항상 손님들로 붐볐다. 하지만 최근 대형 마트와 기업형 슈퍼마켓이 들어서면서 명산 시장을 찾는 손님들의 발길은 더욱 뜸해졌다. 허름한 아파트 외벽은 적막함을 더했다. 아파트 1~2층에 위치한 상점들은 두꺼운 자물쇠로 굳게 닫혀 있었고, 입구에는 빛바랜 상점 간판만이 남아 있다.

명산 시장의 입구로 들어가면 오른편에 군산 화교 소학교가 보인다. 정문이 굳게 닫혀 있는데, 이곳이 신흥동 유곽 지역에서 가장 유명했던 칠복루가 있었던 곳이다. 광복 20년 후인 1965년에 장미동

▶ 명산 시장의 모습

▶ 명산 시장 인근의 군산 화교 소학교. 1920년대의 이곳에 신흥동 유곽 지역에서 가장 유명했던 칠복루가 있었다.

에 있던 화교 소학교가 이곳으로 이전하면서 유곽은 학교 건물로 사용되었다. 그러나 안타깝게도 2003년에 일어난 대화재로 인해 더 이상 목조건물로서 유곽의 옛 모습을 찾아볼 수 없게 되었다. 웅장했던 칠복루는 철골 콘크리트 구조로 세워진 2층짜리 현대식 건물로 변했다. 유곽에 딸린 정원은 매몰되어 운동장으로 바뀌었다. 유일하게 남은 석등은 학교 운동장에 방치되었다가 이후 군산근대역사박물관에 기증되어 전시되고 있다.

시장 내부에는 상인들이 한 평 남짓한 공간에서 건어물, 과일, 생선 등 다양한 물품을 판매하고 있다. 생선에 파리가 꼬이는 것을 방지하기 위해 모터 달린 자동 파리채가 뱅글뱅글 돌고 있다. 평상에 걸터앉은 상인들은 "한 소쿠리에 3000원! 5000원!"하고 가격을 부르며 손짓을 했다. 물건에 조금이라도 관심을 보이기라도 하면 옷을 붙잡고 흥정을 했다.

좁은 시장 길을 걸으며 카메라 셔터를 누르고 떠오르는 생각들을 노트에 적었다. 고추 방앗간 입구에 모여 이야기를 하고 있던 몇몇의 상인은 나를 보며 "뭘 그렇게 적어요? 뭘 그렇게 찍어요?"라며 관심을 보였다. "여기가 예전에 유명했던 유곽 거리였죠?"라고 물었더니 고추 방앗간의 한 아저씨 분께서 벌떡 일어났다. 그러자 옆에 있던 상인들은 "아, 이 아저씨가 여기 문화 해설자야. 사람들이 오면 이 사람이 다 가르쳐줘."라며 고추 방앗간 아저씨를 치켜세웠다. 아저씨는 스스로도 그렇게 생각했는지 거침없이 말을 했다.

▶ 옛 유곽의 겉모습을 리모델링한 시장의 모습

"아이고 말도 마요. 여기 죄다 유곽촌이었어. 유곽이 먼 줄 알아? 여자들이 기모노 입고 몸 팔던 곳이야. 엄청 많았어. 해방되고 생활이 나아지니, 지금은 그런 게 없어졌는데, 나 어릴 적에는 헌병들이 지키고 있어서 들어갈 수도 없는 곳이었어. (고추 방앗간을 가리키며) 이 건물 벽면도 다시 시멘트로 발라 버렸어. 내부는 그대로야."

아저씨는 쉼 없이 이야기를 이어갔다.

"여길 유곽 후라고 불렀어요. 이 건물(고추 방앗간) 처마가 떨어져서 지금은 양판만 입혔어. 2층은 다다미 그대로야. 위에 장판만 깔았어. 지금 시장 입구에서부터 'ㄱ' 모양으로 건물이 쭉 들어서 있었는데 일본인 기생들이 여기 다 있었어. (옆집 상가 주인을 가리키며) 거봐. 나처럼 집을 고치지 말아야 할 것 아니야."

주인아저씨는 지금으로부터 37년 전에 옛 유곽 건물을 구입했고, 고추 방앗간 건물과 그 옆에 있는 빨간 벽돌 건물이 본래 한 건물로 연결된 유곽이라 말했다. 상가 건물 2~3개를 합쳤을 만큼 유곽의 규모가 컸음을 알 수 있었다. 유곽이 개인소유로 나뉘게 되면서 건물을 분리했고 그리하여 유곽 건물의 왼쪽은 빨간 벽돌 건물로 새로이 지어졌다. 현재 1층은 상가로, 2~3층은 주거지로 사용하고 있다. 남겨진 유곽은 고추 방앗간 건물로 개조했다가 최근에 집이 노후해 외벽 보수공사와 슬레이트 지붕을 덮어 보강했다.

주인아저씨는 건물 벽면에 남겨진 잘려 나간 서까래의 흔적을 보여주었다. 그리고 선뜻 유곽 시설로 사용했던 이곳 건물의 2층 내부

▶ 유녀들의 방으로 연결되었던 옛 계단

를 보여주었다.

"나 어렸을 적엔 이곳 유곽 거리 근처에 헌병들이 지키고 있었어. 조선인들은 들어갈 수가 없었어. 그땐 어렸을 때라 잘 몰랐는데 어떤 곳인지 궁금했지. 밖에서 멀찌감치 떨어져 보고 있으면 여자들이 기모노 입고 다녔어."

좁은 계단을 올라 2층으로 가니 벽면과 다다미는 옛 일본식 적산 가옥의 형태를 그대로 유지하고 있었다. 실내 안에는 눅눅한 곰팡이 냄새가 코끝에 닿았고 다다미 위에는 장판을 덮은 흔적이 보였다. 장판 아래로 삐져나온 다다미는 오래되어 모서리가 닳아 떨어졌다. 벽면에 바른 벽지 사이로 보이는 낡은 문틀이 백 년의 세월을 고스란히 간직하고 있었다.

2층 방은 기생들이 생활했던 곳이다. 방 안을 천천히 둘러보니 벽면 쪽으로 장롱의 흔적이 보였고 직사각형의 미닫이문이 있다. 장롱 쪽에는 오래 시간 그대로 묵힌 짐들이 차곡차곡 쌓여 있는데 그 옆으로는 바깥이 보이는 큰 창문이 달려 있다. 창문을 통해 지나가는 행인에게 유혹의 손짓을 보냈을 당시 기생들의 모습이 그려졌다. 한 때, 젊은 여성들이 웃고 울던 이곳에서는 수많은 남정네들이 드나들며 '침침한' 에피소드를 만들어 냈을 것이다.

아저씨는 일흔아홉 살의 명산동 토박이로, 어릴 때는 이곳이 일본인과 조선인들의 거주지로 명확히 구분되어 있었다고 했다. 조선인은 경사진 언덕 비탈에 있는 낡은 초가집을 지어 살았으며, 일본인

▶ 창고로 변한 유곽 건물 내부 모습. 일제식 목재 건물임을 알 수 있는 흔적들이 군데군데 남아 있다.

▶ 사창가가 철거된 자리에는 현재 예술 벽화가 그려져 있다. '2002년 개복동 사창가 화재 사건'으로 떠난 여성들의 죽음을 애도하는 동시에 새로운 거리로 거듭나기 위한 의미가 담겨 있다.

은 사회 시설이나 위생 시설이 제법 정리가 잘된 구획 안에서 근대식 건물을 두고 거주했다고 한다. 아저씨는 일본인과 조선인이 사용한 우물이 아직 남아 있으니 구경 삼아 보고 싶으면 자신을 따라오라고 했다.

골목길로 들어서자 철조망으로 둘러싼 우물이 보였다. 이 우물은 일본인 전용 우물로, 조선인은 근처에 얼씬도 못했다고 한다. 골목길 중간 즈음 발을 멈춰 섰는데, 그곳은 당시 일본인과 조선인이 공동으로 사용한 우물 자리라고 한다. 그러나 한국전쟁 이후 도시를 재개발하는 과정에서 그 흔적이 사라졌다. 세 번째 우물은 골목 귀퉁이에 위치해 있는데 이곳은 조선인만 사용한 우물이었다고 한다. 두 번째 우물과 마찬가지로 콘크리트 건물이 세워지면서 매장되었다.

아저씨와 작별 인사를 나눈 뒤, 시장의 뒷골목 풍경을 보기 위해 고추 방앗간 사이 골목길로 들어갔다. 예전에 유곽으로 사용했을 법한 허름한 건물들은 해방 이후 개인 소유화되었고 자연스레 주택이나 상가로 구조가 변경되었다. 이로 인해 건물의 앞모습은 새롭게 바뀌었지만 뒷모습은 여전히 일본식 건물의 모습을 그대로 보여주고 있다.

골목의 끝은 빨간 벽돌 건물의 2층 주거지로 올라갈 수 있는 계단으로 연결되어 있다. 남의 집에 무단으로 침입하는 게 아닌가 잠시 고민하던 찰나, 2층에 계시던 아주머니께서 나를 내려다보고는 올라와서 사진을 찍으라며 흔쾌히 허락하셨다. 아주머니는 2층에서 사진을 찍어야 저 멀리 언덕에 있는 집까지 잘 보인다며 친절히 말씀해 주셨다. 언덕 위에는 집들이 다닥다닥 붙어 있다. 이곳도 한때는 많은 사람들이 살았을 것이다. 지금은 낡은 집들만 덩그러니 남은 채 모두 텅텅 비어 있고, 몇몇 노인들만이 구불구불한 언덕길 사이의 계단을 힘겹게 오르고 있다.

그 집을 빠져나와 시장 곳곳을 누비며 이곳의 옛 모습을 상상해 보았다. 50년이 넘는 시간을 그대로 담아낼 순 없지만 퍼즐 조각을 맞추듯 어느 정도는 유추해 볼 수는 있을 것 같았다. 시장 내부를 걷다 보니 노점 뒤편으로 허름하고 퇴색된 건물들이 보였다. 페인트칠이 벗겨진 건물 벽면에서 방치된 역사의 흔적이 느껴졌다. 일제강점기 당시에 유명했던 군산의 유곽 거리는 그 자취를 감추었고 기억만을 간직한 채, 현재는 생업과 생활의 터전인 명산 시장만이 남았다.

이번에는 개복동으로 발걸음을 옮겼다. 길가 오른쪽으로 허름한 건물들이 한눈에 들어왔다. 개봉동 사창가로 들어가는 길로, 명산 시장 큰길 건너에 위치해 있다. 일제강점기에 이곳은 선술집, 요리점, 색주가집, 조선인 유곽이 있던 곳으로 신흥동 유곽과 규모가 비슷했다. 채만식의 『탁류』에서 '작년 겨울의 이 기억을 되씹으면서 온통 색주가집 모를 부은 개복동 아랫비탈, 그중의 개명옥(開明屋)이라는 집'이라는 구질이 나온다. 개복동에 색줏집이 많았던 것으로 보아 술시중과 함께 매춘을 일삼던 여성들이 존재했음을 알 수 있다.

인천 시키지마[敷島] 유곽이 선화동으로, 그리고 1960년대에 옐

로우하우스로 바뀐 것처럼 군산 신흥동 유곽도 해방 후에는 개복동의 산동네로 자리를 옮겨 매춘을 이어나갔다. 개복동은 1970년대 말에서 1980년대 초에 들어 사창가로 크게 번성해 문란한 골목으로 전락하게 되었다. 쪽방을 개조해서 숙식을 해결해야 했던 이곳의 여성들은 열악한 환경 안에서 늘 위험에 노출되어 있었고, 결국 2000년대에 들어 개복동 사창가에 대형 화재 사건이 일어나는 비극을 맞았다.

2004년 성매매 특별법을 제정해 대대적인 성매매 단속이 이루어지면서 사창가 건물은 철폐되고 군산의 매춘업은 마침내 막을 내렸다. 옛 사창 골목은 더 이상 오가는 사람 없이 화재 사건 당시 숨진 여성들을 애도하기 위한 벽화만이 덩그러니 남아 있다.

유곽을 바라보는 시선

군산에 산재했던 유곽은 한때 수탈의 대상이자, 번영의 대상이었다. 일본은 조선의 지배권을 장악하는 과정에서 유곽을 설치했고, 성(性)을 식민지 발판의 도구로 이용했다. 이를 두고 문화 평론가 임종국은 "일제가 우리나라를 침략할 때 한 손에 칼, 다른 한 손에는 대포와 기생을 거느리고 조선에 건너왔다."라고 말했다. 군산의 번영했던 유곽은 중국의 홍타이팡과 같이 그 실체가 존재하지 않고, 성적 수탈지의 대상으로만 강조되면서 지역에서 사라졌다.

2010년부터 군산은 '근대역사경관조성사업'을 진행하고 있다. 그런데 1920~30년대의 군산의 모습으로 복원하는 과정들을 유심히 보면 '군산다운 모습'의 복원이라기보다는 대자본을 투자한 '명품 도시 만들기' 사업의 하나로 보인다. 근대 문화유산으로 선택된 곳들은 구 조선은행 군산 지점, 구 나가사키 18은행 등 근대건축 유산이 산재한 내항 중심으로 국한되었다. 본래 군산에 없던 숙박 체험 공간, 근대 역사 체험 공간까지 조성되고 있다.

반면 명산동 일대의 옛 유곽 건축물은 비지정 근대 문화유산으로 지정되었고, 명산동 일대는 근대 역사 경관 복원의 범위에 포함되지 않았다. 대신에 명산 시장 부근에는 주변 환경을 정비하는 차원으로 공원을 새롭게 조성함으로써 기존의 역사를 지워나가고 있다. 일제 강점기 당시, 유곽의 사회상과 주거 사항, 건축 기술 등을 가늠할 수 있는 수많은 실타래를 지니고 있음에도 불구하고 지역에 존재했던 유곽의 역사적·문화적 흔적을 배제한 채 공원이 건설되고 있는 것이다.

이러한 취사선택은 군산시가 관광객들의 편의를 위해 만든 관광지도에도 잘 나타난다. 군산시는 관광 지도에 '꼭 보아야 할' 근대 문화유산 위치와 구역을 색깔별로 표시해 관광을 유도하고 있다. 지도에는 유곽 거리가 표시되어 있지 않아 관광객들은 애초부터 이곳으로 찾아오지도 않는다. 자연스레 명산동 유곽 문화의 존재는 사람들의 기억 속에서 멀어지고 있다.

이 구도에 의하면 문화유산을 서로 구분하고 위계화하는 과정이 나타날 수밖에 없다. 군산의 근대 문화유산 복원 사업은 선택과 배제의 논리로 특정한 역사적 경험이 '기억되어야 할 것'으로써 인식되면서, 다른 경험들은 '덜 중요한 것'으로 평가된다. 이 가운데 군산의 유곽은 문화유산으로서의 가치 여부를 제대로 평가받기도 전에 실체도 없고 역사적·문화적 가치마저 상실한 망각의 유산으로 치부되어 무관심 속에 스스로 사라져 가고 있는 것이다. 안타깝게도 이것은 단지 건축물이 헐리는 것의 문제가 아니라 우리가 살고 있는 도시 사회의 한 단면이 역사의 뒤로 사라짐을 의미한다.

지금까지 우리 사회는 일제 시기의 유산을 대하는 태도에 있어 지나친 반일 민족주의적인 정서에 휩싸여 균형 감각을 상실하는 경우가 적지 않았다. 그것이 '좋다' 또는 '나쁘다'를 이야기하기에 앞서 유산 그 자체를 먼저 들여다보는 안목이 필요할 것이다.

2013. 自

기억 속에서 사라질 이름, 해망

2013년 군산, 달동네 철거 지역

군산에는 '해망'이라는 이름이 붙은 장소가 많다. 터널, 시장, 동네는 보낸 세월에 따라 '해망'이라는 단어의 의미가 미묘하게 다르다. 해망이 품은 서로 다른 의미 속에서 다양한 삶의 모습을 찾을 수 있다. 이 글은 해망으로 이어지는 길을 걷고, 풍경을 보고, 역사를 생각하며, 삶을 상상한 사소한 관심의 글이다.

동네 이름에 숨겨진 비밀

해망동 이야기를 시작하기 전 소소한 이야기를 먼저 하고 싶다.

어릴 때는 살던 동네에서 벗어날 일이 거의 없었다. 서울 촌놈으로 학교 앞 문방구나 오락실이 유일한 재미였는데, 가끔 지하철을 타고 멀리까지 나갈 때면 무척 설레였다.

작은 동네를 벗어나니 여행하는 기분을 느꼈던 것 같다. 사실 생각해 보면 어릴 때 여행이 그리 즐거운 일만은 아니었던 것 같다. 한 시간 가량을 어두컴컴한 터널만 보는 것이 어린 나이에 재미있을 리가 없고, 그나마 지하철이 밖을 달리는 대림과 구로 공단 구간에서 창밖을 바라보는 것이 즐거움이 아니었나 싶다.

지하철 여행의 또 다른 즐거움은 노선도에 나만의 서울을 만들어 보는 일이었다. 서울을 상상하는 일에는 지하철 역명이 유용했다. 지하철 노선도에는 도림천, 봉천, 신천을 잇는 물줄기가 흘렀고, 신도림, 대림, 신림을 잇는 거대한 숲이 자랐고, 구로 공단에는 장기를 두는 아홉 할아버지가 있었다. 이러면 동화에 나올 법한 기묘한 지도가 만들어졌다.

대림에는 숲이 아니라 공장이 많이 있다는 것을 안 것은 한참 뒤의 일이었다. 대방의 '대' 자와 도림의 '림' 자를 합성한 명칭이라 애초에 숲과는 관련이 없다는 것도 최근에서야 알았다. 또 구로 공단에는 노인(老人)도 있겠지만 노인(勞人)이 공장에서 일하는 곳이라는 것을 알게 되기까지도 시간이 걸렸다. 최근 대림, 구로 공단(지금은 구로디지털단지라는 21세기의 이름으로 바뀌었다)에는 외국인 노동자들이 모여 사는 구역이 많다는 것을 알았다.

동네 이름에는 비밀이 숨어 있다. 사람들이 특정 지역에서 그 동네 이름을 가지고 살아온 시간만큼의 이야기가 담겨 있는 것이다. 또 그 동네에서 살아간 사람들의 수만큼의 의미가 들어 있다.

특히나 군산은 군사 요충지, 개항지, 일제강점기 수탈의 전진기지 등의 굵직한 역사를 경험한터라 다른 지역에 비해 사연 있는 동네 이름이 많다.

군산 창성동에는 콩나물 고개라는 재미난 이름을 가진 언덕이 있다. 콩나물 고개에는 세 가지 유래가 전해진다. 예전에 창성동 고갯마루에는 막걸리 맛이 기가 막힌 주막이 있었는데, 막걸리와 곁들여 먹은 것이 콩나물국이었다는 것이다. 그렇게 거나하게 취한 술꾼들이 '콩나물 고개, 콩나물 고개'라고 하던 것이 동네 이름으로 굳어졌다는 음주학적 설이 가장 흥미롭다.

군산이 개항되면서 전국에 있는 노동자들이 창성동으로 몰려들어 산등성이 일대에 토담집을 짓고 살았다. 오밀조밀하게 모여 있는 토담집 지붕의 모습이 콩나물시루를 닮았다고 해서 붙여진 이름이라는 건축학적 해석도 통용된다.

또 끼니를 굶던 시절 창성동 일대의 사람들이 집에서 콩나물을 키워 먹고 살아서 '콩나물 고개'라고 했다는 식품 영양학적 설에서는 애환을 느낄 수 있다.

여기서 창성동 토박이 할아버지를 찾아가 콩나물 고개 유래담의 진실을 따질 필요는 없다. 콩나물 고개에 전해지는 이야기에는 모두 역사적 사실과 삶의 진실이 담겨 있기 때문이다. 콩나물 고개에는 개항 전의 삶, 일제강점기의 애환, 한국전쟁 뒤의 고달픈 비밀이 숨어 있다.

▶ 금동119안전센터 앞 사거리에 있는 해망굴 표지판. 이곳에서 '해망'을 향한 여정이 시작된다.

동네 이름에는 역사, 지리, 문화가 담겨 있다. 동네 이름은 처음에는 지역의 지형지물에서 유래하는 경우가 많지만 시간이 흐르며 여러 가지 의미로 확장된다. 한번 정착한 동네 이름은 도중에 바뀌지 않은 한, 동네에서 벌어지는 일들이 투영되어 사람들의 머릿속에 각인된다.

군산에는 '해망'이라는 이름을 가진 동네, 시장, 건축물, 지형이 있다. 단순히 '바다를 바라본다'라는 의미로 해망을 해석할 수도 있지만 '해망'에는 각각의 의미가 숨어 있다. 바로 해망이라는 지역과 그 지역에 살아온 사람들의 이야기가 담겨 있는 것이다.

이제부터 해망을 따라서 군산을 여행하려고 한다. 여행이 끝나면 어린 시절 지하철 여행이 그랬던 것처럼 군산 지도 위에 다양한 그림이 그려질 것이다. 해망을 따라가는 것은 의미 있는 여정이 될 것이다. 해망을 따라가는 과정에서 우리는 군산이라는 도시가 지금까지 거쳐온 삶과 역사를 느낄 수 있을 것이다. 또한 현재 해망동의 일부 지역의 주택 철거가 진행되고 있는 상태에서, 사라지는 동네를 기억할 수도 있을 것이다.

해망의 시작, 해망정

군산항은 항구라기보다는 오히려 규모가 큰 포구(浦口)라고 하는 게 적절할 것 같다. 미상불 포구로 여기고서 가 보기로 한다면 아닌 게 아니라 더운 여름의 하루를 소일하기에 그다지 무료하진 않을 것이다.

저 말은 다름 아닌 군산 출신의 대문호, 『탁류』의 작가 채만식이 1938년 7월의 여름날 『금강창랑 굽이치는 군산항의 금일』이라는 에세이에서 한 말이다. 심지어 채만식은 '근대적인 항구의 정취를 느끼고 싶은 사람은 다치지 않을 자신이 있다면 달리는 기차에서 뛰어내려 다른 항구를 찾아가'라고까지 했다.

자신의 권유에도 불구하고 군산에 도착한 독자에게 채만식은 위 에세이에서 하루 일정의 관광 코스를 상세하게 알려주고 있다.

군산 토박이로서 그가 첫 번째로 제시한 장소는 바다가 아니라 산자락에 위치한 '해망정(海望亭)'이다. 이 글에서 그는 군산 시내를 묘사한 것보다 많은 분량의 지면을 할애해서 해망정에서 보이는 풍경을 묘사했다. 동네 주민 입장에서 가장 먼저 소개하고 싶은 풍경이 바로 이곳이었던 것 같다.

나는 다행히 달리는 기차에서 뛰어내릴 용기가 없는 터라 해망정에서 바라보이는 군산의 풍경을 볼 수 있었다. 유유히 흐르는 금강과 탁한 서해 바다, 한눈에 들어오는 군산 시내와 그 뒤로 펼쳐진 들판, 남도의 완만한 산등성이를 한 장소에서 전부 맛볼 수 있다는 것은 각별한 경험이었다. 무엇보다 뜨거운 여름날 근대건축물을 본다고 돌아다니며 흘린 땀을 식혀주는 바람이 좋았다.

이쯤 되면 해망정이 어디에 있냐며 재촉 전화가 올지도 모르겠다.

▶ 점방산 전망대에서 바라본 군산 앞바다. 점방산 정상에서는 군산 시가지, 바다, 평야가 한눈에 들어온다.

그러나 나의 여정을 쫓아오면 자연히 알게 될 것이다.

해망정으로 가기 전 점방산 전망대를 잠깐 살펴보면 좋을 것 같다. 여기서 비밀 하나를 말하자면, 점방산 전망대가 해망정보다 경치가 더 좋다. 그토록 경치가 좋다면 정자 하나 있을 법도 하건만, 이곳에는 봉수대가 있다. 그러나 지금은 봉수대가 없어지고, 전망대가 자리 잡고 있다. 봉수대가 있어서 국방의 의무를 했다는 것은 점방산 봉수대 사적비로 확인할 수 있을 뿐이다.

점방산 전망대에서 보면 군산의 지형을 제대로 볼 수 있다. 북으로는 금강이 흐르고 동·서·남은 산으로 둘러싸여 있다. 위아래가 바뀌었을 뿐이지 완벽한 배산임수(背山臨水)*의 형태이다.

여기서 드는 의문 한 가지가 있다. 왜 군산은 넓은 평야를 두고서도 개항 전까지 도읍지는커녕 큰 도시로조차 성장하지 못했을까? 아마도 바다와 강에 바로 접해 있어 적의 침입을 받기 쉽기 때문이었던 것 같다. 군산은 최무선 장군이 오백 척의 왜구를 화포를 이용해 물리친 진포로 더 유명하다. 서울 촌놈인 나도 군산은 잘 몰라도 역사 시간에 배운 진포는 잘 알고 있다. 고려, 조선 시대에 수차례 군산을 통해 왜구들이 내륙으로 침입했다는 기록이 있다.

그래서인지 바다가 한눈에 보이는 점방산 일대를 예로부터 중요하게 생각했던 것 같다. 조선 숙종 때 제작된 '진포진지도'를 보면,

---

* 배산임수 지세가 뒤로는 산을 등지고 앞으로는 물에 면하여 있음.

월명산, 설림산, 점방산 일대의 산을 묶어 해망령(海望嶺)이라고 부른 것을 알 수 있다. 점방산이 139미터인 것에 비해 보통 대관령, 한계령 같이 높이 800미터 이상의 고개에나 쓰는 '령(嶺)' 자가 붙은 것을 보면, 해망령이 군사적으로 매우 중요했음을 알 수 있다. 183미터의 남태령을 서울의 남쪽 관문으로서 중요하게 생각하듯 말이다.

그 옛날 이곳에 최무선 장군의 함대가 출정했다. 남쪽에서 왜구의 배가 새까맣게 밀려왔다. 어림잡아도 500여 척이 넘는 숫자였다. 장군의 함대는 이미 남쪽에서 올라온 봉수를 받고, 왜구의 침략을 알리는 북소리를 울렸다. 왜구가 금강 하류에 도착하자, 대기하고 있던 최무선 장군의 함대가 출정했다. 최무선 장군이 새로 개발한 화포를 쏘자 왜구의 배들은 서해 바닷속으로 침몰했다.

전망대에서 진포대첩 당시의 봉수꾼의 심정이 되어 보니, 해망이라는 말의 의미가 새롭게 와 닿았다. 바다를 통해 적이 들어오는 것을 감시할 수 있는 산에 해망이라는 말을 붙인 것은 당연한 일이었다. '바다를 망본다'라는 의미로 제격인 것이다. 해망정보다 경치가 좋은 점방산 전망대에 오르니 계속 머무르고 싶었다.

어느 지역을 가도 경치 좋은 곳인 '팔경(八景)'이 있다. 유람과 말 지어내기를 즐기는 호사가들이 만들어 낸 것으로, 요즘에는 지역에서 관광 명소로 홍보하고 있다. 군산에도 군산 팔경(群山八景)이라는 것이 있다. 그중 다섯이 해망령이라고 불렸던 곳에 집중되어 있다. 그만큼 이곳이 바다와 강, 들판, 하늘의 모습을 관찰하기에 좋은 곳이라는 것이다. 해망령에 산재해 있는 군산 팔경 중 둘이 직간접적으로 '해망정'과 관련이 있다.

해망정에 가기 위해서는 점방산 전망대에서 북쪽으로 뻗은 산줄기를 거슬러 올라가야 한다. 정돈된 산책로를 따라가는 것만으로도 걷는 재미가 있다. 소나무와 벗나무, 동백나무들이 산책로를 따라 자라고 있어 계절에 따라 걷는 맛이 다른 길이다. 봄에는 봄꽃의 향기, 여름에는 울창한 나무 그늘, 가을에는 단풍, 겨울에는 순백의 눈꽃을 전부 체험할 수 있다. 개항 이후 월명 공원의 전신인 각국 공원이 생긴 이래로, 유치원, 초등학교의 소풍, 연인들의 데이트, 가족의 나들이 장소로 애용되어 온 배경에는 이곳의 빼어난 풍경이 한몫 한 것이다.

해망정까지의 산책로의 또 다른 재미는 기념물을 보는 것이다. 삼일운동 기념탑, 채만식 문학비, 조각 공원, 해병대 전적비, 의용 불멸의 비 등 군산이 겪은 굵직굵직한 사건들을 잊지 않기 위한 기념물들이 월명 공원 곳곳에 세워져 있다.

그중에서도 압권은 우리의 목적지인 수시탑(守市塔)이다. 무작정 군산 시내를 돌아다닐 때도 산자락 위로 뾰족한 탑의 끝 부분이 보여 궁금증을 자아냈었다. 1968년 홍익대 강명구 교수의 디자인으로 제작된 수시탑은 돛을 펼친 돛단배와 타오르는 횃불을 형상화한 것이다.

수시탑 아래에 있는 계단을 한참 동안 올라가서야 거대한 몸체의 위용을 확인할 수 있다. '지킬 수', '도시 시' 자를 쓴 수시탑의 이름에서도 외부의 적으로부터 기필코 군산을 지키겠다는 굳은 의지가 보인다.

바로 이곳에 해망정이 있었다. 이곳에서 과거 풍류객들이 올라 바다를 보며 한잔 술에 시를 지었다. 지금도 수많은 군산 시민, 관광객들이 이곳에 올라 풍경을 즐기고 간다. 물론 대부분의 사람들이 수시탑을 배경으로 기념사진만 찍고 갈 뿐이다.

하지만 잠시 머물다 가기엔 무언가 아쉬움이 남는다. 이미 언급했다시피 해망정은 군산팔경 중 용당야우(龍塘夜雨)와 해망추월(海望秋月)이라는 좋은 볼거리와 관련되어 있기 때문이다.

용당은 장항의 옛 이름이다. 과거에는 째보선창과 용당을 오가는 나룻배가 있었다고 한다. 밤에 내리는 비와 흐릿한 고깃배의 불빛이 어울려 아득한 정취를 자아낸다고 한다. 용당을 바라다보기에 해망정이 최적의 위치라는 것이다.

해망추월은 해망정 주변의 소나무 사이로 바라다보이는 가을 달빛을 말한다. 그 옛날 풍류객들은 해망정에 올라 한잔 술을 기울이며 한 폭의 산수화 같은 풍경을 감상했다. 밤비 내리는 날도 아니고 가을날도 아니지만, 산책로 중간의 매점에서 사온 캔 맥주 하나를 마시며 머지않은 과거의 풍류객이 잠시 되어 본다.

가을비 내리는 밤 해망정에 오른다.

안개비에 어느새 옷깃이 젖는다.

외로이 앉아 저 멀리 용당을 바라보니

고깃배 불빛이 아득하게 보인다.

불빛에 취해 넋을 잃고 있노라니

시간은 어느새 새벽, 비는 그쳐 있다.

구름이 걷히며 소나무 사이로 달이 비춘다.

달을 내 님 삼아 술잔을 들이켠다.

이쯤 되니 '해망'에 또 다른 의미가 생긴 것 같다. 바다가 바라다
보이는 전망 좋은 곳을 해망이라고 해도 잘 어울릴 것 같다. 여기에
서 해망은 '바다 풍경'이라는 의미가 된다. 그 시절 풍류객이 심정
이 되어 보니 해망정이 없어졌다는 사실이 크게 아쉬움으로 남았다.

해망정이 있던 곳에 수시탑이 우뚝 솟아 있다. 왜구도 사라지고
일본인도 사라진 마당에 도시 수호탑이 필요했던 이유가 무엇이었
을지 궁금했다. 감히 추측을 하자면, 군산이라는 도시가 걸어온 길
과 관련되어 있어 보였다.

근대 이전 큰 도시로 성장할 수 없던 배경이 오히려 장점으로 작
용하여 군산은 개항장으로 번성했다. 군산은 일제 수탈과 한국전쟁
을 지나서도 항구도시로서 발전을 거듭했다. 그러나 군산은 1960

▶ 군산 구시가지 어디에서든 수시탑을 볼 수
있다. 수시탑은 본래 성시탑이라는 이름을
가지고 있었다. 도시를 번성시키자는 진취
적인 이름답게 타오르는 불꽃과 활짝 편 돛
을 형상화한 상징물이다.

년대 들어서 경기 침체에 허덕였다. 그러한 상황에서 당시 군산 시장이 군산의 경기 침체를 벗어날 상징물로 수시탑을 계획한 것이었다. 도시가 한눈에 내려다보이는 곳에 세워진 탑은 처음에는 성시탑(盛市塔)으로 불리다가 후에 수시탑으로 이름이 바뀌었다. '성시탑'에서 '수시탑'으로 바뀐 이유는 무엇일까, 이름을 바꾼 이들이 설정한 가상의 적이 궁금했다.

해망정으로의 여정이 이제 끝이 났다. '바다를 망본다'에서 '바다 풍경'으로 가는 길은 마치 생각이 다른 두 사람이 걷는 것 같은 느낌으로 다가온다. 한 사람은 불안한 눈초리로 계속 바다 쪽을 감시한다. 다른 사람은 태연한 표정으로 주변의 풍경을 감상하고 있다. 같지만 다른 길을 두 사람은 걷고 있다.

바다로 가는 길, 해망굴

군산의 구시가지를 걷노라면 창백한 빈혈 환자를 보는 것 같다는 느낌을 지울 수 없다. 그래서인지 지금 구시가지 곳곳에서는 창백한 얼굴에 화사한 화장을 하기 위한 노력이 진행되고 있다. 낡은 건물을 고치고, 벗겨진 페인트는 다시 칠하고, 없어진 건물을 다시 세웠다. 사람들이 찾아오기 쉽게 멀끔한 표지판을 다시 설치했다. 군산은 갓 화장을 배운 여대생의 얼굴이 되어 가고 있었다.

빛바랜 도시를 걷다 보면 오래된 표지판과 마주할 때가 있다. 그럴 때면 표지판의 어색함에 고개를 갸웃거린다. 한참을 들여다보고

서야 어색함의 이유를 찾아내고 미소를 지었다. 표지판에서 강조하고 싶은 지시 내용에 사용한 빨간색 글씨가 사라진 것이었다. 빨간색 글씨가 사라진 표지판은 처음 의도와는 정반대의 내용을 나타낸다.

가령 흡연 금지 표지판은 연기 나는 담배를 가둔 붉은 사선의 금지 표시는 온데간데없고, 'NO SMOKING' 중에서 검정색 글씨 'SMOKING'만 남은 것이다. 연기 나는 담배와 'SMOKING'의 조합만 남아 흡연자들이 환영할 만한 표지판으로 재탄생했다. 우리는 추측으로 흡연 금지 표지판을 알아차리고 담뱃불을 끌 수 있을 뿐이었다.

붉은색 페인트가 사라지는 이유는 햇빛을 받으면 다른 색보다 먼저 빛이 바래는 성질을 가지고 있기 때문이라고 한다. 두드러져 보이게 하기 위한 색이 먼저 사라진다는 사실이 아이러니했다.

그러나 태양 빛에 탈색되는 것은 표지판만이 아닌 모양이다. 일제 강점기 개항장으로 화려한 과거를 자랑했던 도시도 당시의 빛깔을 잃어버린 듯 보였다. 한참을 들여다보아야 본래 내용을 알 수 있는 빛바랜 표지판처럼 오래 걸으며 자세히 보아야 과거 군산의 빛깔을 조금이나마 발견할 수 있다. 무엇이든 화려한 것일수록 제 빛깔을 유지하기 힘든 것일까.

한여름 군산의 구시가지를 걸어 본 사람이라면, 군산의 태양은 다른 곳보다 뜨겁다는 사실에 공감할 것이다. 단층 혹은 2층 건물뿐인

네모반듯한 거리의 군산은 내리쬐는 태양 빛을 피할 그늘을 찾을 수 없다.

머리 바로 위에 떠 있는 태양을 마주 보고 있자니, 저 태양 빛에 도시 전체가 탈색된 것이 이해가 되었다. 더 이상 태양 빛을 받고 있으면 뇌가 하얀 재가 될 것만 같았다. 근대 문화유산이고 적산 가옥이고 아무래도 상관없었다. 그저 짙은 그늘이 간절했다.

그늘을 향한 간절한 바람은 표지판 하나를 발견하면서부터 이루어질 가능성이 보이기 시작했다. 금동 119안전센터 앞 사거리에 세워진 갈색 표지판에는 하얀 글씨로 '국가등록문화재 제184호 해망굴 Hae Mang Cave'이라고 쓰여 있었다. 친절하게 화살표도 함께 그려 놓았다.

해망굴은 군산이 개항장으로 한창 호황을 누리던 시기에 군산 시내와 내항을 연결하기 위해 지어진 터널이다. 건설 당시 주변에 군산 신사와 신사 광장, 월명 공원 등이 있어 신사참배하려는 일본인과 나들이 나온 사람들로 문전성시를 이루던 터널이었다.

해망굴에 가면 그토록 바란 그늘을 만날 수 있다는 생각이 들었다. 표지판의 화살표가 가리키는 방향으로 발걸음을 서둘렀다. 달동네 철거 구역이 바라다보이는 사거리와 뙤약볕은 아랑곳없이 뛰어노는 아이들이 있는 군산 서 초등학교를 지나자 해망굴이 보였다.

그곳에는 녹음이 우거진 월명산을 관통하는 터널이 있다. 선명한 초록빛 나뭇잎 아래에 자리 잡은 회색빛 터널 입구에는 한여름의 열기를 식히는 그늘과 바람이 있다.

도시의 태양을 피하고 싶었던 사람은 나만이 아니었다. 여행 중 우연히 마주쳤던 도보 여행객 일행이 눈짓으로 아는 체를 했다. 주민으로 보이는 할아버지는 아예 자리를 깔고 앉아 피서를 즐겼고, 또 다른 할아버지는 자전거를 세운 채 익숙한 발걸음으로 월명 공원을 향하는 모습도 보였다.

그제야 군산의 구시가지에서 보기 힘들었던 주민들의 소재에 대한 의문이 풀렸다. 사람들의 휴식처는 월명산과 해망굴이었고, 무더운 여름날을 이곳에서 보내는 것이었다. 쉼터에 대한 언급이 없는 군산 관광 안내 책자의 불친절이 생각났다. 안내 책자에는 다음과 같은 문구가 반드시 기재되어야 한다.

군산 시내는 뙤약볕을 피할 수 있는 장소가 없습니다. 당신이 만약 한여름의 태양과 도시의 열기에 지쳤다면 해망굴로 곧장 가십시오. 그곳은 당신에게 시원한 바닷바람과 그늘을 제공해 줄 것입니다. 군산 시민들도 피서 장소로 애용하는 곳이 바로 해망굴입니다.

그러나 겨울에는 좁은 터널을 통과하며 한결 빨라진 차가운 바닷바람이 불어오니 조심해야 한다. '겨울철 동사 주의'도 안내 책자에 덧붙여야 할 문구이다.

물론 말하지 않아도 해망굴은 도보 여행자의 휴식 장소가 되기도

▶ 해망굴 전경. 멀리서 보면 단순한 터널 정도로 보이지만 가까이 다가서면 숱한 사연이 담겨 있다는 것을 알 수 있다.

한다. 일반적인 군산의 여행 코스를 생각하면 자연스럽다. 군산 도보 여행의 시작은 대개 근대 역사박물관에서 시작한다. 항구 주변의 근대건축물과 히로쓰 가옥 등의 적산 가옥을 거치면 자연스레 해망굴과 만난다.

이쯤 되면 한 시간 정도 걸은 셈이니 지칠 수밖에 없다. 마침 나타난 해망굴 앞에서 휴식을 취한 여행자의 동선은 동국사로 이어진다. 국내 유일의 일본식 사찰을 흥미 있게 둘러본 여행자는 도시를 가로질러 군산의 명물인 이성당 빵집으로 향한다.

해망굴은 관심의 대상이 되지 못하는 경우가 많다. 시원한 그늘과 바람으로 기운을 얻은 여행자는 미련 없이 다음 목적지를 향해 떠난다. 볼품없고 투박한 굴에 관심을 가질 사람은 많지 않다. 그보다는 예스러운 분위기를 물씬 풍기는 적산 가옥이 더 궁금할 수밖에 없다.

관광객의 여행 기호는 군산시의 '근대산업유산 예술창작벨트' 사업에 영향을 주었을 것 같다. 군산시는 해방 후 사라진 일본식 가옥을 복원하는 사업을 진행하고 있다. 보수와 복원이 완료된 조선은행 군산 지점, 나가사키 제18은행 군산 지점, 미즈 상사 건물 등 많은 적산 가옥은 전시관과 문화 공간으로 활용할 준비가 끝났다.

일제 시기 수탈의 건물이 복원되어 역사교육의 장소로 활용되는 것은 환영할 만한 일이다. 다만 단순히 관광객의 흥미를 끌만한 건물만 복원되는 것은 아닌지, 우려가 되는 것도 사실이다.

군산을 일제강점기를 나타내는 표지판이라고 생각해 보자. 표지판은 빨간색과 검정색의 글자와 기호로 이루어져 있다. 해방 후 70년이라는 시간을 거치며 군산의 뜨거운 태양에 표지판의 빨간색 글자와 기호는 대부분 바랬다. 검정색 글자와 기호는 세월에 따라 농도를 달리하며 표지판에 남았다.

빨강이 일제강점기 삶과 공간의 모습이라면, 해방 이후 삶과 공간의 모습이 검정이다. 빨강과 검정의 글자와 기호를 모두 보아야 일제강점기라는 표지판이 지시하는 바를 제대로 알 수 있다. 만약 흡연 금지 표지판 중에서 사라진 빨간색 글자와 기호를 복구하는 데에만 집착한다면 어떻게 될까? 붉은 사선의 금지 표시와 'NO'만이 남아 더욱 알 수 없는 표지판이 되고 말 것이다. 검정색만 있었을 때는 추측은 가능했다.

새것 같은 과거의 건물보다는 세월의 흔적을 간직한 지금의 건물에서 우리의 아픈 과거를 더 잘 느낄 수 있고, 아픔을 딛고 살아온 사람들의 의지도 잘 느낄 수 있다.

현재까지 살아온 삶의 공간이 있어야 일제강점기의 의미를 찾을 수 있을 것이다. 반대도 마찬가지이다. 한 가지만을 강조해서는 군산이라는 도시의 모습이 제대로 보이지 않는다. 군산시에서 실행하는 프로젝트가 하나의 온전한 표지판을 만들 수 있었으면 좋겠다.

표지판을 생각하는 사이 어느새 땀은 식었다. 반원형의 터널 입구 위에는 '해망굴'이라는 한글 이름표가 달려 있다. 이름표에 함께 적혀 있는 군산 시장의 임기로 미루어 짐작하면 1966년부터 1968년

▶ 터널 내부의 모습. 과거 일제 식민지 수탈의 주요 교통로였던 이곳은 현재 주민들의 좋은 휴식처로 사용되고 있다.

사이에 이름표를 새로 만들었을 것으로 추측할 수 있다. 아마도 기존에 있던 것을 대체하거나 훼손된 이름표를 다시 달았을 것이다.

해망굴 건립 초기에 찍은 사진을 보면, 지금과 같은 자리에 이름표가 붙어 있다. 사진의 한쪽 귀퉁이에 'KAIBO TUNNEL GUNSAN'이라고 쓰여 있다. 'KAIBO'는 해망의 일본 발음이다. 해망굴은 '海望隧道'이라는 이름표를 달고 '카이보 쓰이도'라고 불렸을지도 모른다. 일제가 자신들의 이익을 위해 만든 터널이니 당연한 일이다.

일제는 군산항 제3차 항구 구축 기간인 1926년 10월 16일에 군산 내항과 시내를 연결하기 위해 해망굴을 건립했다. 당시 군산은 식민지 수탈의 기지가 된 이래로 최고의 무역 호황을 누리던 시기였다. 해망굴 인근에는 군산 신사와 신사 광장, 공회당, 도립 군산 의료원, 은행 사택, 안국사 등 일제가 건설한 건축물이 있었다.

당시 일제는 자신들의 이익과 편리를 위해 논을 밀어 버리고 길을 냈고, 사람이 살던 집을 부수고 새 집을 지었다. 조선인들은 산으로, 비탈로 밀려나 생활할 수밖에 없었다. 채만식은 『탁류』에서 그 과정을 잘 묘사했다.

'흙 구더기'까지 맞닿았던 수만 평의 논은 다 없어지고, 그 자리에 집이 들어앉고 그 한복판으로 이 근처의 집 꼬락서니와는 어울리지 않게 넓은 길이 질펀히 뻗어 들어왔다. 그놈을 등 너머 신흥동으로 뽑으려고 둔 뱀이 밑구멍에 굴을 뚫을 계획이라는데 정 주사네 집은 바로 그 위에 가서 올라앉게 되었다. 그래 정 주사는 굴을 뚫다가 그 놈이 혹시 무너져서 집이 퐁당 빠지기나 하는 날이면, 집이야 남의 셋집이니 상관없지만, 집안의 사람들이 큰일이라고 슬며시 걱정이 되는 때도 있다.

『탁류』가 조선일보에 연재되던 1937년에 현재 명산 시장 동남쪽에 있는 둔뱀이(콩나물 고개)에 터널을 만들 계획이 있었다는 것을 알 수 있다. 극중 인물인 정 주사는 터널을 뚫다 사고가 나서 집이 무너질 것을 걱정하고 있다. 이것은 당시 일제에 의해 새로운 시설이 만들어질 때마다 조선인들의 삶이 무너졌다는 사실을 비유적으로 표현한 것이다. 군산의 땅은 대부분 일본인의 손에 들어가 더 잃을 것도 없지만(집이야 남의 셋집이니 상관없지만), 조선인들의 목숨이 위태로워지는 것은 아닌지(집안의 사람들이 큰일이라고 슬며시) 걱정된다고 작가는 호소하고 있다.

이러한 걱정은 해망굴이 완공된 때에도 마찬가지였을 것이다. 교통의 요충지로서의 역할을 강화하고 물자 수탈의 편리를 위해 해망굴을 건립했던 것이다. 당시는 군산항을 통해 일본으로 반출된 쌀 수탈량이 기하급수적으로 증가하던 시기였다.

그늘이라는 말에는 긍정적인 의미와 부정적인 의미가 있다. 해망굴과 처음 만났을 때, 해망굴은 태양을 피하게 해주는 고마운 그늘이었다. 하지만 지금 해망굴은 우리 역사의 어두운 그늘이다.

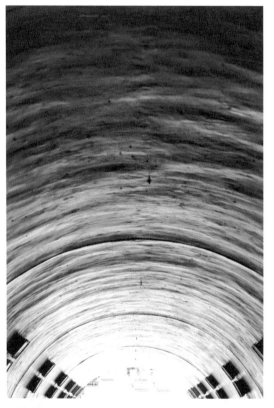

▶ 해망굴이 간직한 역사의 흔
적. 일제강점기 당시 강제
동원된 조선인이 두 손으로
직접 바른 터널 천장의 모
습(위)과 한국전쟁 때 터널
내부에 위치한 북한군 지휘
소를 향한 유엔군 폭격기의
총탄 자국(아래)

해망굴은 자신의 몸에 몇 가지 흔적을 새겨 놓았다. 그냥 지나치기 쉬운 흔적들은 해망굴이 역사의 그늘이라는 사실을 깨닫게 한다. 역사의 흔적을 보기 위해서는 해망굴 쪽으로 한 발자국 더 내딛어야 한다.

해망굴 안으로 들어가기 전, 입구에 쌓아 올린 회색 돌벽에 기대 위를 보았다. 담쟁이덩굴에 가려 잘 안 보일 수 있으나, 자세히 보면 움푹 파인 수십 개의 흔적이 있다. 총알 자국이다. 한국전쟁이 남긴 상처다.

한국전쟁 당시 북한군은 해망굴 내부에 지휘 본부를 차렸다. 해망굴의 좁은 입구와 내부의 공간이 유엔군 폭격기의 공격을 견디기 유리했기 때문이다. 유엔군 폭격기는 해망굴에 숨은 북한군 지휘소를 향해 총탄을 날렸다. 총탄이 북한군 지휘소까지 날아갔는지는 알 수 없지만 적어도 해망굴에는 흔적을 남겼다.

한국전쟁이라는 우리의 아픈 역사의 무대가 바로 해망굴이기도 한 것이다. 해망굴이 감춘 또 하나의 흔적은 해망굴을 따라 걸으면 알 수 있다.

해망굴은 작은 터널이다. 터널의 입구에서 반대편 출구가 바로 보인다. 높이 4.5미터, 길이 131미터의 반원형의 터널이다. 지금 같으면 첨단 건설 장비를 동원하면 한 달이면 완공할 수 있는 정도의 규모이다. 그러나 해망굴이 완공된 때는 1920년대 후반이었다. 쓸 만한 연장도 없는 당시에 가장 믿을 만한 장비는 몸 하나였을 것이다.

바로 조선인의 몸뚱이다.

일제강점기 철도 터널 공사에 일제가 조선인의 노동력을 착취했다는 사실은 유명하다. 당시 조선인 인부의 노동시간은 8~12시간, 하루 임금은 일화 30~40전이었다. 가족의 생활비로는 턱없이 모자란 금액이었다. 그나마 작업량이 모자라거나 중간 관리자를 거치면 임금은 반 토막 나기 일쑤였다. 또 태만과 반항을 이유로 총살되는 경우도 비일비재했다. 일본인 감독자는 총과 칼로 무장하고 있었다. 해망굴에서도 일제에 의한 조선인 노동력 착취가 있었을 것이다.

해망굴 회색빛 천장을 자세히 보면 고르지 않다는 것을 알 수 있다. 천장에 회칠을 할 때, 사람의 힘으로만 하다 보니 울퉁불퉁해졌다는 이야기가 있다. 나는 혹시나 손바닥 자국이 있지 않나 찾아보았다. 아무런 장비 없이 손바닥을 눌러 다졌을지 모르는 일이었기 때문이다. 비록 천장에서 손바닥 자국은 볼 수 없었지만 해망굴 건설 인부들의 애환을 느낄 수 있었다.

어느새 터널의 출구에 도착했다. 잠시 뒤를 돌아 걸어온 해망굴 터널길을 바라보았다. 이 자그마한 터널이 한국 근현대사의 굵직한 두 사건을 몸소 체험한 곳이라는 사실이 놀라웠다. 입구와 출구가 뻔히 보이는 터널이 그때에는 시작과 끝을 알 수 없는 어두운 역사의 터널이었던 것이다.

해망굴을 나오자 늦은 오후의 태양이 비스듬히 해망굴을 비추었다. 햇살은 터널의 그늘에 차가워진 몸을 따뜻하게 만들어 주었다.

해망굴은 2005년 6월 18일에 등록 문화재 제184호로 지정되었다. 일제의 수탈과 한국전쟁의 치열한 현장이라는 근대 문화유산으로서의 가치를 인정받은 것이다. 해망굴의 양쪽 입구에는 '대한민국 근대 문화유산 현판'이 붙어 있다. 해망굴은 '대한민국 근대 문화유산'이라는 새로운 별명을 얻은 것이다.

해망굴에서 뻗어나간 길의 풍경을 보았다. 7~80년대 세워졌을 것 같은 건물들이 보였다. 건물에는 미용실, 다방, 중국집 등 빛바랜 간판이 걸려 있다. 빛바랜 건물은 일본식 건물 같으면서도 어린 시절 동네에서 흔히 보던 건물을 닮았다. 페인트가 벗겨진 모습에서 시간의 흔적을 느낄 수 있다.

어시장으로 가는 모양인지 상인과 손님들이 어우러져 있었다. 새만금 방조제 공사 이후 쇠락했다고는 하지만 거리의 풍경에서 항구와 어시장 특유의 활기를 느낄 수 있다.

한 가족이 나를 지나쳐 해망굴에 들어섰다. 한가득 짐을 실은 손수레를 끈 아저씨가 저편에서 오고 있고, 그 또래로 보이는 할머니 무리도 있다. 그리고 낡은 자전거를 탄 할아버지가 어딘가로 바삐 사라졌다.

해망굴 풍경을 보고 있으니, 세상의 인정을 받아야 하는 것은 해망굴이라는 건축물이 아니라 역사의 터널을 지금까지 걸어온 사람들이라는 생각이 들었다. 해망굴은 도깨비시장에서 해산물을 파는 아낙네가 걸었고, 학교에 공부하러 가는 아이가 걸었다. 한 아비는

왜 우리는 군산에 가는가

▶ 2013년 봄 해망동의 전경. 당시 해망동은 철거 작업이 한창이었다. 지금은 또 다른 모습의 해망동이 되어 있을지 모른다.

아픈 아이를 안고 병원을 향해 달렸을 것이다. 해망굴은 역사의 터널인 동시에 삶의 터널이라는 생각이 든다.

지금까지 해망굴이라는 표지판을 보았다. 쉽게 잊히기 쉬운 붉은 글자와 기호 속에서 찾은 검정색 글자와 기호는 바로 '그럼에도 사람들은 이 길을 걸어왔다'라고 말하는 것 같다.

사람 사는 동네, 해망동

그냥 단팥빵이잖아.

전국적으로 유명한 이성당의 단팥빵을 처음 맛보고 머릿속에 떠올랐던 생각이다. 단지 다섯 가지 맛, 그러니까 단맛, 짠맛, 신맛, 매운맛, 쓴맛만을 알고, '정말, 조금, 완전, 덜' 같은 말로밖에 맛의 정도를 표현할 줄 모르는 나에게 유명하다던 이성당 단팥빵은 어렸을 때부터 맛보던 단팥빵 이상도, 이하도 아니었다. 특별한 것을 찾자면, 굳이 군산까지 와서 단팥빵을 먹었다는 사실뿐이었다.

소문난 맛집이라고 해서 일부러 찾아가면 언제나 미묘한 표정이 된다. '맛이 없는 건 아닌데, 그렇게 맛있지도 않아.' 원조라는 족발집, 삼촌이 볶는 순대집, 서울 5대 떡볶이집이라는 곳에서도 비슷했다. 아직 가 보지는 않았지만, 욕쟁이 할머니가 하는 국밥집도 구수한 욕만큼이나 국밥이 구수할지 모르겠다.

그럼에도 기억에 남는 맛집이 있는 이유는 사람과의 경험 때문이다. 등산 후 먹는 두부와 막걸리가 기가 막힌 이유는 같이 땀 흘린 사람들과 웃으며 건배를 하고 있기 때문이고, 평범한 배달 족발을 잊지 못하는 것은 좋은 사람들과 함께 했다는 사실 때문이다.

나의 가장 찬란하고 고민 많던 시절을 그곳에서 보냈다는 사실이 맛집을 만들어 내기도 한다. 학창 시절 도서관에서 공부를 마치고 자취방에 가기 전에 홀로 먹은 순댓국과 소주 한잔이 그렇게 각별했다는 대학 교수님의 이야기를 들은 후부터 평소 가지 않던 순댓국집을 다시 보게 되었다.

해망동을 처음 마주했을 때의 표정은 맛집 음식을 처음 먹었을 때와 비슷했다.

그냥 달동네잖아.

도대체 군산에서 무엇을 느끼고 싶었던 것이었을까. 시원한 바다? 아픈 역사의 현장? 화려한 벽화 마을? '해망'이라는 단어가 주는 느낌과 책에서 본 해망동 벽화를 보며 그리스의 산토리니라도 기대한 모양이다.

하지만 해망동은 어디서나 볼 수 있는 달동네이다. 우리나라 달동네의 운명이 그렇듯이 곧 사라질 예정이다. 이 글을 쓰고 있는 지금은 한창 철거가 진행 중일 것이고, 어느새 해망동은 이 세상에 존재하지 않을 것이다.

해망동이란 동네에 관심을 가졌던 것은 '해망'이란 이름 때문이다. 군산으로 떠나기 전날, 텔레비전 뉴스의 기상 캐스터는 미니스커트와 민소매 셔츠를 입고 이상고온현상에 대해 전했다. 자료 화면은 어딘지 모를 바다의 시원스런 풍경이었다. 그때 나는 열대야 속에서 여행 짐을 싸던 중이었다. 나는 땀을 뻘뻘 흘리면서 바다를 갈망했던 것 같다. '바다를 바라본다'라는 동네 이름을 보고 해망동에 가면 시원스런 바다를 볼 수 있을 줄 알았다. 결과적으로 나의 예상은 전부 틀렸다. 해망동에서 본 것은 끈적한 뻘이었다.

해망굴을 나서며 비린내를 맡았을 때까지도 옥빛 바다에 대한 희망을 버리지 않았다. 그러나 해망 어시장을 지나 포구 시설에 가서야 내가 기대한 바다는 애초부터 없었다는 사실을 깨달았다. 물이 빠지고 드러난 뻘과 멀리 보이는 흙빛 바닷물만이 눈앞에 있을 뿐이었다. 채만식이 말한 '탁류'란 이 풍경을 염두에 둔 것이 틀림없었다.

이렇게 해망동에 오기 전에 품었던 몇 가지 기대는 하나씩 어그러졌다. 끈적한 뻘과 탁한 바닷물을 뒤로 하고 월명 공원에서 이어지는 산비탈로 향했다. 그곳에 해망동에서 품었던 두 번째 기대가 있었다. 두 번째 기대는 역사적 사실에서 유래했다.

해망동은 일제강점기에 만들어지고 한국전쟁을 거치며 발달한 동네이다. 일제강점기 군산의 땅은 대부분 일본인의 차지였다. 조선인들은 일본인 지주의 소작농으로 살거나 그도 여의치 않으면 농촌에서도 쫓겨나서 도시 변두리와 산비탈에 집을 짓고 살아갈 수밖에 없었다. 군산의 다른 달동네와 마찬가지로 해망동의 역사도 이때부터 시작했다.

　　그저 복판에 포도장치도 안한 십오간짜리 토막길이 있고, 길 좌
우로 연달아, 평지가 있는 둥 마는 둥 하다가 그대로 사뭇 언덕 비탈
이다. 그러나 언덕 비탈의 언덕은 눈으로는 보이지를 않는다. 급하
게 경사지 언덕 비탈에 게딱지 같은 초가집이며, 낡은 생철집 오막
살이들이, 손바닥만한 빈틈도 남기지 않고 콩나물 길 듯 다닥다닥
주어 박혀, 언덕이거니 짐작이나 할 뿐인 것이다.

　채만식의 『탁류』의 한 구절이다. 대대로 살던 집에서 쫓겨난 사람
들에게 집을 지을 마땅한 재료는 없었다. 주변에 보이는 흙, 나무, 지
푸라기, 돌이 사용할 수 있는 집 재료의 전부였다. 그렇게 해망동에
는 '토막집'이라고 부르는 흙집으로 이루어진 동네가 만들어졌다.

　한국전쟁을 거치며 북쪽에서 온 피난민들과 군산항에 일거리를
찾아 몰려든 사람들은 해망동에 자리를 잡는 경우가 많았다. 해망동
의 집들이 산비탈 위쪽으로 점점 확대되어 갔다. 먹을 것도 없던 시
절에 사용할 수 있는 집 재료는 여전히 흙, 나무, 지푸라기, 돌이었
다. 해방 후에도 사정은 달라지지 않았다. 해망동은 여전히 토막집
을 쌓아 올린 동네였다.

　이러한 해망동의 역사를 책에서 접하며 나는 아마도 토막집을 기
대한 모양이다. 지금 생각하면 정말 말도 안 되는 상상이지만, 황토

▶ 물이 빠져 뻘이 드러난 해망동 앞바다

빛 흙으로 쌓아 올린 거대한 성을 잠깐 떠올렸던 것 같다. 아니, 적어도 토막집 한 채 정도는 볼 수 있을 줄 알았다. 하지만 멀리서 본 해망동의 집들은 기와를 얹은 벽돌집이 대부분이고, 가끔 슬레이트 지붕이 있을 뿐이었다.

토막집을 찾는다고 긴 시간을 허비하고서야 나의 오만하고 어리석은 생각이 부끄러웠다. 60여 년의 시간이 흐른 만큼 해망동의 모습이 변하는 것은 당연했다.

이제부터는 해망동의 현재 모습에 집중하자고 다짐하고 해망동의 현재 모습인 '벽화 마을'을 찾아갔다. 2006년 '아트 인 시티(Art in city)'라는 공공 미술 프로젝트가 해망동에서 진행되었다. '이승기 벽화 마을'로 유명한 서울 성북구의 이화동도 '아트 인 시티'의 결과물이다. 당시 예술가들은 '성찰적 투어리즘'이라는 콘셉트로, 해망동의 숨겨진 명소를 찾아 해망 12경을 선정하고, 동네 미술관을 만들어 해망동이 지닌 삶과 역사의 흔적을 전시하기도 했다. 당시 프로젝트에 참여한 젊은 예술가들은 지역 주민들과 교감을 주고받으며 해망동의 삶을 해망동 곳곳에 벽화와 설치미술 등으로 남겼다.

해망동을 다녀온 여행객들은 자신의 블로그에 멋진 사진들과 글을 올렸다. 나도 이화동의 벽화 마을을 돌아다니며 각종 벽화와 설치미술을 재미있게 본 경험이 있다. 인터넷에서 본 해망동 벽화 마을은 규모가 작아 보이기는 했지만, 동네 주민들과의 교류를 통해 얻는 동네의 기억을 예술에 담았다는 점에서 흥미로웠다.

바로 해망동 벽화 마을이 해망동을 향한 나의 세 번째 기대였다. 하지만 마지막 기대도 여지없이 깨졌다. 아름다운 벽화와 멋진 설치미술을 찾겠다는 일념으로 얼마나 찾아다녔는지 모른다.

같은 번지의 집을 세 번째로 지나치고 나서 나는 길을 잃었다는 것을 깨달았다. 아니, 처음부터 내가 찾던 길은 없다고 해야 정확한 표현일 것이다. 해망동에는 벽화와 설치미술로 가득한 골목길은 없다. 다만 그것들의 '흔적'만이 있을 뿐이었다. 내가 찾던 것들은 6년이라는 시간 동안 소금기 머금은 바닷바람을 맞으며 해망동이라는 동네에 숨은 모양이었다. 역시나 화려한 것은 금방 색이 바래나 보다.

한 시간 가까이 돌아다니면서 찾아낸 것은 정체불명의 그림이 그려진 담과, 공중화장실 문에 붙어 있는 가짜 두루마리 휴지, 동네 미술관 명패 정도였다. 동네 미술관이었던 곳은 무너진 계단과 마당의 폐자재로 낯선 사람의 접근을 막고 있다.

동네 미술관에 진입하는 것을 포기하고 있을 무렵 한 아주머니를 만났다. 아주머니는 뭐 볼 게 있냐면서 밥은 먹고 다니는 것이냐고 물었다. 아주머니와 유쾌한 대화를 마치며 아주머니가 들어가는 집을 계속 쳐다보았다. 마당에는 빗자루, 신발장, 생선 말리는 틀, 채반, 키 같은 세간이 있었다. 담 너머에는 사람이 살고 있다. 해망동은 사람이 사는 곳이라는 사실을 잊고 있었다.

홍대 근처에 산다고 하면 반드시 듣게 되는 질문이 있다. '클럽에 많이 가 봤겠어요?'와 '홍대에도 집이 있어요?'라는 질문이다. "홍대에도 집은 있고, 홍대 사는 사람이 다 클럽에 가는 것은 아닙니다.”라고 친절하게 대답한다. 홍대는 이제 사람들에게 클럽이나 술집, 예쁜 카페가 있는 곳으로 여겨지는 모양이다. 홍대에 연인이나 친구와 즐기러 오는 사람들에게 홍대 거리는 젊음의 거리로 밖에 보이지 않는다. 그런데 깊은 밤까지 이들이 걷던 길은 주민들에게는 삶의 길이다. 이른 아침 직장이나 학교에 가기 위한 길이고, 요일에 맞춰서 음식물 쓰레기를 버리러 나오는 길이다. 홍대도 사람이 사는 곳이다.

항상 오해를 받는 곳에 사는 나조차 해망동이 가진 이미지로 오해를 하고 말았다. 해망동에 사람이 살고 있다는, 당연하면서도 중요한 사실을 몰랐다. 심지어 해망동에는 나그네의 끼니를 걱정하는 인정 많은 주민이 살고 있다.

아주머니가 밥 이야기를 해서인지, 아니면 해망동에는 사람이 살고 있다는 깨달음 덕분인지 갑자기 허기가 졌다. 일단 이성당 빵집에 가서 단팥빵으로 밀려오는 허기부터 달래야겠다는 생각이 들었다. 잘 구워진 단팥빵 생각을 하니 군침이 돌았다.

다시 해망동을 찾은 것은 벚꽃이 만개한 2013년의 봄날이었다. 해망동의 사람 사는 냄새를 느끼고 싶었다. 지난번에 만난 아주머니를 만나 그동안의 이야기를 듣고 싶었다. 하지만 다시 찾은 해망동에서 사람 사는 모습은 찾을 수 없었다. 나의 끼니를 걱정했던 아주머니도 없었다.

해망동의 한쪽에서 주황색 굴착기가 집과 길을 부수고 있었다. 이

▶ 해망동 주택가의 모습

▶ "느그들 보단 행복혀." 사람이 떠난 해망동에서 자신의 임무를 다한 집들이 우리에게 하고 싶은 말일 지도 모른다.

▶ 해망동 벽화 프로젝트의 흔적. 온전히 제 색을 유지하고 있는 벽화를 찾기는 쉽지 않다.

미 굴착기가 지나간 곳은 황토가 드러나 있었다. 해망동에 집과 길이 들어서기 전에는 저런 모습이었을까. 해망동은 사람이 살지 않던 모습으로 돌아가고 있었다.

대부분의 집이 이미 떠나고, 남아 있는 집은 몇 집 되지 않았다. 그런 집에는 아직 이곳에 사람이 살고 있다는 신호를 보내는 것처럼 빨래줄에 걸린 빨래들이 바람이 흔들리고 있었다. 하나, 둘, 셋. 아직 남아 있는 집은 두세 집 정도였다.

너무 늦게 왔다. 떠난 사람들이 남긴 것들을 토대로 해망동을 나름대로 느끼는 수밖에 없었다. 이것은 객관적인 사실이 아닐 수도 있다. 그래서 더욱 내가 느낀 해망동일 것이다.

우연히 인터넷에서 해망동 벽화 마을 프로젝트를 비판한 글을 보았다. 해망동에 살고 있는 주민의 글이었다. 정확한 표현은 기억나지 않지만 이런 내용의 글이었다.

해망동에서 예술을 한다고 찾아가 보았다. 해망동에 머물며 동네를 알리는 것이 좋아 보이기도 했다. 그런데 당신네들이 보여주는 해망동은 여기에 없다. 당신들은 해망동을 노인들만 사는 동네로 만들었다. 해망동에는 젊은 사람들도, 아이들도 살고 있다. 해망동에 대해 좀 더 제대로 알고 하기 바란다.

옳은 말이다. 나도 그랬듯이 예술가들도 역사, 이미지, 매스컴 등

▶ 2012년 여름의 해망동. 이방인의 시선은 아랑곳 않는 강아지와 동네 아주머니

에 매몰되어 자신들이 보고자 하는 것만을 보았을 지도 모른다. 동네는 역사의 결과물이나 이미지가 아니다. 동네는 삶의 과정이며 실체이다. 동네는 끊임없이 삶이 만들어지는 공간이며, 생성된 것은 눈앞에 있다. 물론 할아버지, 할머니의 이야기는 소중하지만, 그것은 현재와 함께 이야기되어야 '온전한 표지판'으로서 제 역할을 할 수 있을 것이다.

그렇기에 지금부터 보여주는 해망동 이야기가 조심스럽다. 사람이 사라진 동네에서 사람을 상상하며 만들어 낸 이야기이기 때문이다. 그래도 이 이야기는 적어도 2013년 봄날의 해망동의 이야기라는 점에서 위안이 된다. 이 시점에서의 해망동 이야기는 유일할 것이다.

개나리가 핀 해망굴을 나와 왼쪽으로 돌면 '해망팔경'이라고 적힌 2층 건물이 나온다. 해망동 아트 프로젝트 당시 해망동의 특징 있고, 멋진 풍경 여덟 곳을 선정하여 전시를 했던 곳이다. 프로젝트 참가자들이 해망동에서 무엇을 보았을지 궁금했지만, 2층으로 올라가는 계단이 하도 낡아 올라갈 엄두가 나지 않았다. 한참을 어슬렁거리다 다른 사람이 본 해망동에 또다시 선입관을 갖기보다 직접 해망동을 보는 것이 낫겠다는 생각을 했다.

해망동에 들어가는 입구는 많다. 어떤 입구를 선택하더라도 상관없다. 해망동의 골목길은 전부 연결되어 있어 마음만 먹으면 어떤 길이라도 갈 수 있다. 그중에서 해망굴에서 가장 가까운 곳을 위치한 입구를 선택했다. 나무로 만든 생선 상자들이 한가득 쌓여 있는 단층 건물을 지나면 해망동을 향해 뻗은 시멘트 길로 들어선다.

당연하게도 해망동의 모든 길은 비탈길과 계단으로 되어 있다. 해망동이 산자락에 자리 잡고 있기 때문이다. 해망동의 집만큼이나 비탈길과 계단은 다양한 모습을 하고 있다. 골목길에서 비탈길과 계단의 모양을 관찰하는 것은 적지 않은 재미이다.

경사진 길은 설사 비나 눈이 오지 않더라도 잘못하면 미끄러지기 쉽다. 공공건물의 계단은 계단 끝에 까끌까끌한 물질을 달아 미끄러움을 방지한다지만 해망동의 모든 길에 사포를 달기에는 무리이다. 그래서 해망동 사람들은 다른 방법을 사용했다.

해망동에는 시멘트를 고르게 펴지 않은 길이 있다. 어쩌면 울퉁불퉁한 모양을 보고 건설 인부의 꼼꼼하지 못한 마무리를 탓할지도 모른다. 하지만 이것이 미끄러움을 방지하는 비결이다. 또한 시멘트가 굳기 전에 무늬를 새기는 방법도 있다. 무늬는 각자의 취향에 맞게 격자무늬, 직선 무늬 등으로 다양하다.

비탈길 못지않게 계단의 모양도 재미있다. 해망동의 계단에는 음각과 양각의 두 가지 종류의 계단이 있다. 음각 계단은 길을 만들 때부터 비탈길의 한가운데에 계단을 새겨 넣는 방법으로 만드는 것처럼 보인다. 반면 양각 계단은 비탈길에 계단을 붙여서 만들었다. 양각 계단은 '너무 경사진 곳이라 힘들면 중간에 쉴 수 있게 계단 몇 개를 붙여야겠어.'라며 비탈길 위의 아저씨가 직접 만들었을지도 모

▶ 관광객이 아닌 생활인의 시선으로 해망동을 보고 싶었다. 시선이 바뀌니 지붕 사이로 보이는 하늘과 줄에 널린 빨래가 친숙하고 기분 좋게 다가왔다.

르겠다.

재미있는 것은 계단으로 된 길이라도 양옆으로 빈 경사 공간을 남겨둔 것이다. 육교에 자전거를 위한 길을 만들어 놓은 것과 비슷한 이유인 것 같다. 짐이 가득한 손수레를 끌고 계단을 오르는 할머니의 모습이 그려졌다.

길은 어떤 집의 마당을 지나기도 하고, 또 다른 집의 옥상을 지나기도 한다. 심지어 길이 집을 관통하기도 한다. 길은 사람들의 움직임을 따라 필요한 만큼의 공간만을 차지했다. 얼핏 보면 무질서하게 뻗은 것처럼 보이지만 길은 유기적인 관계 속에서 질서를 유지하고 있다. 해망동에서 모든 것은 공간의 낭비 없이 나름의 위치를 가지고 있다.

그중에서도 흥미로운 것은 사람들의 공간 활용 능력이다. 공간의 여유가 없이 길과 집으로 가득 찬 해망동에서 공간을 창출하는 방법도 가지각색이다.

일단 지붕을 옥상으로 활용하는 방법이 있다. 집의 크기만큼의 여유 공간을 만들 수 있다. 이곳은 넓기 때문에 장독대, 텃밭, 빨래 건조대, 고추 말리는 장소로 이용된다.

지붕이 슬레이트나 기와로 되어 있는 집의 경우에는 좀 더 고도의 방법이 사용된다. 가령 집과 집 사이, 축대와 건물 사이에 창고나 화장실 같은 건물을 짓는 것이다. 그러면 작은 건물 위에 활용할 수 있는 한두 평 정도의 공간이 생긴다. 이 한 평 옥상에 장독이나 작은

▶ 해망동 골목길은 거미줄처럼 곳곳으로 이어진다.

화분들이 놓이는 것이다.

문제는 집의 구조 때문에 한 평짜리 옥상으로 올라가는 계단을 만들지 못하는 경우가 발생한다. 해망동 주민들은 이 문제를 '길이 없으면 돌아가라.'라는 쿨한 방법으로 해결했다.

저녁 식사를 준비하던 할머니는 갑자기 빈 그릇을 들고 집을 나섰다. 그리고 김치를 얻으러 옆집에라도 가려는가 싶더니 옆집을 지나쳐 비탈길에 올랐다. 집 뒤의 축대에서 할머니는 장독 김치를 꺼냈다. 이웃집 장독이 아닌가 싶어도 사실은 자신의 집과 연결된 한 평 옥상이다. 길은 집 뒤의 축대와 연결시켰다. 번거롭고 힘든 것처럼 보이지만, 가장 현실적이고 현명한 방법이다.

또 다른 공간 창출 방법은 바로 지붕을 이용하는 것이다. 지붕에 건조대를 설치하여 고추 같은 채소나 박대 같은 해산물을 말린다. 그릇이나 냄비를 햇빛에 소독시키는데 사용하기도 한다.

골목길을 걷다 보면 크고 작은 화분을 볼 수 있다. 화분은 꽃이나 화초를 가꾸기 위한 것이 아니다. 화분은 해망동 사람들의 작은 텃밭이다. 해망동에 사람이 떠나지 않고 있었다면, 지금쯤 화분에는 고추, 상추, 깻잎, 가지, 토마토 등의 모종들이 심어져 있을 것이다. 해망동 텃밭은 작은 화분뿐이 아니다. 커다란 고무 대야나 스티로폼 상자도 훌륭한 텃밭이다.

호박 같은 넝쿨식물은 축대나 지붕을 타고 올라가게 심는다. 호박을 키우기 위해 자신의 집으로 가는 길에 그물로 작은 터널을 만들기도 한다. 지금 그물에는 말라붙은 호박 넝쿨만이 남아 있다. 초록빛 넝쿨에 노란 꽃이 피어 있는 모습은 이제 다시는 볼 수 없을 것이다.

각종 채소가 심어진 텃밭은 해망동 어디를 가나 볼 수 있다. 지붕, 장독대, 대문 같은 자신의 집에 남는 공간이 조금이라도 있으면 그곳에 텃밭이 생겼다. 해망동의 꼭대기에서 내려다보면 곳곳에 점점이 박힌 텃밭들을 발견할 수 있다.

심지어 사람들이 다니는 길에도 화분 텃밭을 만들었다. 그래서 웃지 못할 일이 벌어지기도 한다. 한 주민이 자신의 집 담에 고추를 심은 화분을 나란히 두었다. 그런데 매일매일 고추를 심은 화분에 쓰레기가 쌓이기 시작했다. 참다못한 주민은 결국 화가 나서 화분이 놓인 담의 눈높이 되는 위치에 경고문을 썼다.

고추가 심어져 있으니 쓰레기를 버리지 마시오.

경고문은 푸른 하늘을 배경으로 휘날리는 버들잎을 그린 벽화를 배경으로 하고 있다. 아마도 해망동에 벽화를 보러 와서는 외부인이 화분을 쓰레기통으로 착각했던 모양이었다. 해망동의 삶에 익숙하지 않은 외부인에게 흙이 담긴 빈 화분은 쓰레기통 혹은 재떨이로 여겨지기 십상이다.

벽화 위에 경고문을 남긴 주민은 자신이 살던 집을 떠났다. 그는 떠나며 자신이 애지중지하던 고추 화분도 함께 가지고 간 모양이다.

▶ 2013년 벚꽃 아래 해망동. 일제강점기 때 형성된 해망동은 지금 흔적도 없이 사라지고 벚꽃만이 남았다.

화분이 사라진 자리에 경고문이 낙서처럼 남았다. 우연히 뒤늦게 경고문을 발견한 외지인은 '시멘트 길에 고추를 심었단 말이야?'라며, 미스터리한 상상을 할지도 모른다. 사람이 살던 동네에 사람이 없다는 사실 하나만으로 해망동은 미스터리한 곳이 되었다.

길은 화장실 앞으로 이어진다. 시야가 트인 장소에 있는 작은 건물이 화장실이라는 것은 한눈에 알 수 있었다. 심지어 건물에 달린 나무 문에는 두루마리 화장지 모양의 장식품이 달려 있다.

지금이야 집집마다 화장실이 있다지만 몇십 년 전 만에도 사정이 여의치 않았다. 당시 만들어진 집에는 화장실이 없는 경우가 많았다. 그때 공중화장실이 요긴하게 쓰였다.

이른 아침 공중화장실 앞에 길게 늘어선 줄은 줄어들 줄 몰랐다. 전날 먹은 조개가 상했던 모양인지 새벽 내 잠을 설친 아이가 슬쩍 새치기를 한다. 뒤에 섰던 또래의 아이가 한마디를 하자 말다툼이 벌어졌다. 말다툼은 어느새 동네 싸움으로 번지고, 아이들의 엄마, 아빠, 할머니, 할아버지까지 나선다. 화장실 앞 일대가 시끄러워졌다. 이 싸움을 틈타 슬쩍 줄 앞쪽으로 오는 얌체도 있다. 매일 아침 공중화장실 앞은 소란스럽다.

변소를 향한 사람들의 다툼을 상상하니, 혼자 외로이 서 있는 공중화장실이 쓸쓸해 보였다. 화장실 나무 문을 열어보니 최근에 사용한 흔적은 없었다.

공중화장실에 줄을 서던 사람들과 그 앞을 스쳐 지나가던 사람들

▶ 동네 중간에 위치한 공중화장실. 개별 화장실이 없던 시절 동네 주민들은 이곳에 줄을 서서 볼일을 봤다.

은 모두 어디로 갔을까. 지금은 사람의 모습을 찾아볼 수 없다. 한때 동네 사람들의 귀여움을 독차지했을 강아지는 낯선 사람을 보고도 짖지도 않고, 달려와 애교를 부린다. 강아지는 낯선 사람에 대한 경계심보다 사람을 향한 그리움이 더 큰 모양이다.

사람이 그리운 것은 강아지만이 아니었다. 사람이 사라진, 사람의 흔적만 남은 동네를 돌아다니니 사람이 보고 싶어졌다. 사람으로 북적이는 이성당 빵집을 찾아가 단팥빵이 먹고 싶어졌다. 곧 해망동을 벗어나 해망 어시장 쪽으로 발걸음을 옮겼다.

거기서 굴착기가 지나간 폐허에 고추, 감자 등의 채소를 심는 아주머니를 만났다. 가을에 채소를 먹을 수 있겠냐고 걱정하는 나에게 아주머니는 말했다.

"뭐, 운이 좋으면 내년까지 지을 수 있을 거고, 올해까지는 먹을 수 있겠지. 언제까지 먹을 수 있을지 모르지만 그때까지 잘 키워야지."

방금 심은 모종에 줄 물을 뜨러 가는 아주머니의 뒷모습에서 어떠한 어려움에도 굴하지 않고 살아가는 삶의 의지를 느낄 수 있었다.

이제 해망동 달동네는 곧 사라질 것이다. 하지만 '해망'이라는 이름 속에서 살던 사람들은 어디에서도 꿋꿋하게 살아갈 것이다. 그리고 해망동에서 바라본 앞바다의 풍경을 마음속에 품고 살아갈 것이다.

2013. 白

일제(日帝), 그리고 일제(日製)

우리는 해방 후 3세대의 청년들이다. 일제강점기를 겪은 일도 없고, 부모님에게조차 제대로 된 이야기를 들어보지 못했다. 기껏해야 시골에 계신 할아버지 할머니에게 어렴풋한 그때의 기억을 귀동냥으로 주워들은 것이 전부다. 그 외엔 모두 교과서로 배웠다. 그저 시험문제를 맞추기 위해 일제강점기의 시기를 구분했고, 항일 단체를 지도에 나열했고, 독립운동가의 이름과 업적을 순서대로 정리했다. 시험이 끝나면 암기했던 모든 내용은 새하얗게 지워지고 단 하나의 문장만 머릿속에 남았다. "일본은 우리 민족을 철저히 수탈했고, 우리는 이에 굴하지 않고 끈질기게 독립운동을 벌였다."

8090세대에게는 일본에 대한 특별한 기억이 남아 있다. 1990년 대까지만 하더라도 일본 대중문화는 공식적인 통로를 통해서는 절대 접할 수 없는 '금기 문화'였다. 특히 잡지, 음반과 같은 인기 높은 문화 상품들은 철저히 '불법물'로 분류되었다. 정부는 일본 대중문화의 유입을 막았다. 해방 후 2세대에게도 일본 문화는 언제든 한국 문화를 잠식해 들어올 수 있는 매우 위험한 것으로 인식되었고, 다음 세대에게 함부로 보여주어서는 안 될 '나쁜 것'으로 취급되었다.

그럼에도 불구하고 일본의 최신식 문화 상품들은 우리들 사이에서 급격하게 퍼졌다. 음성적인 방법으로도 얼마든지 문화의 공유는 가능했다. 한 사람이 구해 온 '귀한 일본 음반'은 다음 사람, 그 다음 사람을 거쳐 교실에 퍼졌다. 그리고 우리는 이것에 열광했다. 대중 문화의 질적인 면에서 90년대의 한국은 일본과 차이가 있었다. 성장기 시절, 우리 세대가 보고 듣고 겪었던 대부분의 만화, 게임의 원산지는 바로 한때 우리 민족을 지배하고 수탈했던 일본이었다.

일본에 대한 두 개의 이미지가 만들어졌다. '나쁜 침략자'와 '문화 선진국' 가치관의 균열은 바로 여기에서부터 시작되었다. 축구, 야구, 배구 가릴 것 없이 한일전 경기만 벌어지면 우리들은 핏발을 세우고 "대한민국!"을 외쳤다. 일본 내각에서 독도와 위안부에 대한 망언이 나오면 그 또한 울분을 토했다. 역사적인 눈으로 보면 그들은 우리에게 용서받지 못할 강력한 분노의 대상이다.

그러나 한편으로 아이러니한 것은, 정작 일상에서 우리들은 매일 같이 일본 드라마, 애니메이션, 쇼 프로를 보면서 그들의 행동과 유행을 따르고 심지어는 추앙하기까지 했다. 오늘날 일본인이 한류 문화의 매력에 빠져들기에 앞서, 우리 역시 일류 문화라면 그 무엇이든 따라했던 때가 있었다. 일본과의 문화 개방이 이루어진 요즘도 일본 유명 가수가 한국 콘서트를 연다고 하면 전 좌석이 매진되는 기록을 종종 볼 수 있다. 여기에서도 일본 문화에 대한 우리의 정서를 충분히 확인할 수 있다.

우리는 때에 따라 일본을 적대적인 시선으로 보기도 하고, 우호적인 시선으로 보기도 한다. 단지 그 시선을 가르는 중심에 역사를 따지느냐 문화를 따지느냐의 간발의 차이만 있을 뿐이다. 한마디로 '수탈의 역사는 도저히 용납할 수 없는데 대중의 문화는 꽤 받아들일 만하다.'라는 이야기이다. 적대와 우호 중 무엇이 옳고 그른가의 문제를 지적하려는 것이 아니다. 이 두 가지 이미지를 자연스레 체득하여 살고 있는 것이 바로 우리라는 사실을 말하려는 것이다.

이 가운데 우리는 한 가지 의문점을 갖게 되었다. 일본에 대한 분노와 호감의 시각이 공존하기까지의 역사 동안 우리는 아픈 과거의 역사를 어떻게 받아들이고, 해결했을까? 역사를 겪은 세대, 겪은 역사를 전해 들은 세대, 겪지 않은 역사를 글로 배운 세대가 한데 모인 곳에서 이루어진 수용과 선택을 보고 싶었다. 그렇게 일제가 만든 도시, 군산을 찾았다.

참고 문헌

단행본

▶ 강창민, 『쌍천 이영춘 빛 가운데로 걸어가다』, 푸른사상, 2007.

▶ 권삼윤, 『빠른 길을 만들고 밥은 마을을 만든다 : 문명기행』, 이가서, 2007.

▶ 김광일, 『발길 따라 배우는 우리 근현대사』, 살림출판사, 2011.

▶ 김기석, 『건축가 김기석의 집 이야기』, 대원사, 1995.

▶ 김성호, 『종교건축기행34』, W미디어, 2007.

▶ 김순석, 『일제시대 조선총독부의 불교정책과 불교계의 대응』, 경인문화사, 2003.

▶ 김정영 외 3명, 『근대 항구도시 군산의 형성과 변화』, 한울아카데미, 2006.

▶ 김중규, 『군산답사여행의 길잡이』, 나인, 2003.

▶ 김중규, 『근대 문화의 도시 군산 : 근대건축물로 바라본 군산의 모습』, 군산시, 2007.

▶ 루스 베네딕트, 『국화와 칼』, 을유문화사, 1997.

▶ 목경찬, 『사찰 어느 것도 그냥 있는 것이 아니다』, 조계종출판사, 2008.

▶ 문화재청, 『군산 신흥동 구 히로쓰 가옥 기록화 조사보고서』, 2007.

▶ 박규태, 『일본 정신의 풍경』, 한길사, 2009.

▶ 박범신 외 4명, 『여행, 그들처럼 떠나라』, 동양북스, 2012.

▶ 박상현, 『한국인에게 일본이란 무엇인가』, 박문사, 2010.

▶ 박승무, 『선비와 사무라이』, 도서출판 아침, 2003.

▶ 소순열, 『전북의 시장경제사』, 문예연구사, 2003.

▶ 신상섭, 『한국의 전통마을과 문화경관 찾기』, 대가, 2007.

▶ 오카다데쓰, 『국수와 빵의 문화사-고소하고 쫄깃한 분식의 유혹』, 뿌리와이파리,
   2006.

▶ 오카쿠라텐신, 『차의 책』, 산지니, 2009.

▶ 원용찬, 『일제하 전북의 농업수탈사』, 신아출판사, 2004.

▶ 원철, 『절집을 물고 물고기 떠 있네』, 뜰, 2010.

▶ 이덕일, 『근대를 말한다』, 역사의 아침, 2012.

▶ 이병진, 『맛있는 빵집』, 달, 2010.

▶ 이시다 유스케, 『가보기 전엔 죽지마라』, 홍익출판사, 2005.

▶ 이어령, 『축소지향의 일본인』, 기린원, 1991.

▶ 이용재, 『역사가 아프니 건물도 괴롭더라』, 도미노북스, 2012.

▶ 이윤섭, 『다시 쓰는 한국 근대사』, 평단문화사, 2009.

▶ 이지선, 『일본인의 전통문화』, 제이앤씨, 2008.

▶ 이치노헤 쇼코, 『조선침략참회기 : 일본 조동종은 조선에서 무엇을 했나』, 동아대
   학교 출판부, 2013.

▶ 일본사학회, 『아틀라스 일본사』, 사계절, 2011.

▶ 자현, 『사찰의 상징세계 1, 2』, 불광, 2012.

▶ 전남일, 『한국 주거의 공간사』, 돌베개, 2010.

▶ 정광호, 『일본침략시기의 한·일 불교 관계사』, 아름다운 세상, 2001.

▶ 정동주, 『한국 차 살림』, 이룸, 2003.

▶ 정동주, 『한중일의 차 문화사』, 한길사, 2008.

▶ 조승환, 『한국 빵 과자문화사』, 대한제과협회, 2004.

▶ 주영하 외 2명, 『사라져가는 우리의 오일장을 찾아서-전라남도, 전라북도, 제주
   도, 광주 편』, 민속원, 2003.

▶ 진양교, 『청량리의 공간과 일상(일과 시장 그리고 유곽)』, 서울시립대학교 부설서울

학연구소, 1998.

▶ 채만식, 『다듬이 소리』, 범우사, 2005.

▶ 채만식, 『탁류』, 어문각, 1994.

▶ 최래옥, 『나는 시장구경 체질이라니까』, 그루터기, 1991.

▶ 최순우, 『나는 내 것이 아름답다』, 학고재, 2002.

▶ 최순우, 『무량수전 배흘림기둥에 기대서서』, 학고재, 2008.

▶ 최영, 『군산풍물기』, 신아출판사, 2010.

▶ 최예선·정구원, 『청춘남녀, 백년 전 세상을 탐하다』, 모요사, 2010.

▶ 파티시에, 『대한민국 골동과자점5』, 비앤씨월드, 2012.

▶ 한국일본학회, 『日本民俗의 理解』, 시사일본어사, 1997.

▶ 한국일어일문학회, 『게다도 짝이 있다』, 글로세움, 2003.

▶ 한정갑, 『재미있는 사찰 이야기』, 여래, 2002.

▶ 허인순 외 5명, 『이미지로 읽는 일본문화』, 어문학사, 2009.

▶ 홍성운, 『흙에 심은 사람의 인술』, 쌍천 이영춘 박사 기념사업회, 1993.

▶ 홍성철, 『유곽의 역사』, 페이퍼로드, 2007.

논문

▶ 김종근, 「식민도시 京城의 유곽공간 형성과 근대적 관리」, 『문화역사지리』 제23권 제1호 통권 43호, 2011.

▶ 배영동, 「문화경계가 약화되는 오늘날의 음식문화」, 『실천민속학』 제11호, 2008.

▶ 서수연 외 2명, 「일본 마찌야(町家)의 유형과 공간 사용상의 특성 연구」, 『디자인학연구』 Vol. 24 No. 3, 한국디자인학회, 2011.

▶ 송석기, 「군산 동국사 창건 초기 건축물에 관한 연구 : 寺院創立願 관련 사료에 나타난 건축물 및 현존 건축물과의 비교를 중심으로」, 『대한건축학회연합논문집』 제14권 제1호(통권 49호), 2012.

▶오세미나, 「군산 지역의 제과점을 통해 본 근대의 맛과 공간의 탄생」, 『전북대학교 문화인류학과 석사논문』, 2012.

▶오세미나, 「일제시기 빵의 전래와 수용에 대한 연구 : 군산의 근대 제과점 이즈모야[出雲屋]를 중심으로」, 『지방사와 지방문화』 Vol.15 No.1, 2012.

▶주영하, 「음식과 식민주의 : 외래문화가 음식민속에 끼친 영향」, 『실천민속학』 제4권, 2003.

▶한경구, 「어떤 음식은 생각하기에 좋다 : 김치와 한국민족성의 정수」, 『한국문화인류학』, 한국문화인류학회, 1994.

▶홍승재 외 4명, 「군산 동국사 대웅전 기록화사업 조사 보고」, 『건축사연구』 제15권 5호(통권 49호), 2006.

잡지 및 기사

▶고은, 「나의 산하 나의 삶」, 경향신문, 1991~1996.

▶김기억, 「한국철도 107년의 발자취 – 우리나라 최초의 기차(29)」, 『생각하는 사람들』, 생각하는 사람들, 2007-08.

▶박태건, 「쌀 수탈 전진기지의 풍경 – 군산 세관 100주년」, 『플랫폼』 11호, 2008.

▶아시아경제, 「[양재찬 칼럼]리치몬드 과자점과 이성당 빵집」, 2012.

▶오마이뉴스, 「빵 나오면 '쟁탈전' 최고령 빵집 군산 '이성당'」, 2011.

▶조선일보, 「[전국의 '빵名家'를 성지순례 하듯 빵지순례](상)」, 2013.

▶한국경제, 「代를 잇는 家業-2세가 뛴다(150) : 이성당, 쌀빵으로 67년 전통 잇는 제빵왕 며느리」, 2012.

영상 자료

▶ KBS, 「100년의 가게 61회-기획 특집 '100년의 꿈' 한국의 가게, 100년을 향하

여」, 2013.

▶ KBS, 「한국 근대문화유산을 말하다–전북 군산」, 『풍경이 있는 여행』, 2011.

▶ KBS, 「한국인의 밥상 59회–일제강점기, 그때 그 밥상 그리고 지금」, 2012.

▶ MBC, 「100년 전 도시에 말을 걸다」, 『전주MBC창사47주년다큐멘터리』, 2012.

▶ MBN, 「대박의 비밀 4회 – ‘춤추는 불고기, 동네 빵집의 대박 신화’」, 2012.

홈페이지

▶ 군산명산시장(www.gsmssj.kr)

▶ 문화재청(http://www.cha.go.kr)

기타

▶ 군산시, 『군산 신흥동 일본식 가옥』, 2007.

글/그림/사진

강석훈 중앙대에서 민속학을 전공했다. 서울역사박물관, 국립민속박물관에서 근무했다. 현재 문화재청 학예연구사로 근무 중이다.

구단비 한양대에서 문화인류학을 전공했다. 서울역사박물관과 국립민속박물관에서 근무했다. 현재 박물관 분야에서 근무 중이다.

노현식 중앙대에서 민속학을 전공했다. 취미는 '무작정 걷기'이고, 특기는 '끝없는 공상'이다. 이 책은 '걸으며 공상하기'의 결과물이다.

심효윤 중앙대에서 민속학을, 영국 더럼대(University of Durham)에서 사회인류학을 전공했다. 현재 국립아시아문화전당 아시아문화원에 근무 중이며 아시아 지역의 전통지식과 무형문화유산에 대한 연구를 수행 중이다.

이동원 계원예술대학교에서 컴퓨터공학과 사진학을 전공했으며 잡지사와 신문사 기자로 활동했다. 블로그를 운영하며 음식, 게임, 아날로그에 관한 다양한 글을 쓰고 있다.

최미진 중앙대에서 민속학을 전공하고 한국문화관광연구원, 서울역사박물관, 국립민속박물관, 남양주역사박물관에서 근무했다. 지역문화를 다루는 글을 쓰고 있다.

김자혜 덕성여대에서 의상디자인학을 전공하고, 서양화를 부전공했다. 현재 studio ja에서 작업, 삽화, 강의를 하고 있다.

박민구 백제예술대에서 사진학을, 한국방송통신대학교에서 미디어영상학을 전공했다. 게으르고 부지런한 사진가이다.